Research on Entrepreneurship,

MANAGEMENT

Power and Corporate Sustainable Development Performance

企业家精神、管理层权力与企业可持续发展绩效研究

牛翠萍 /著

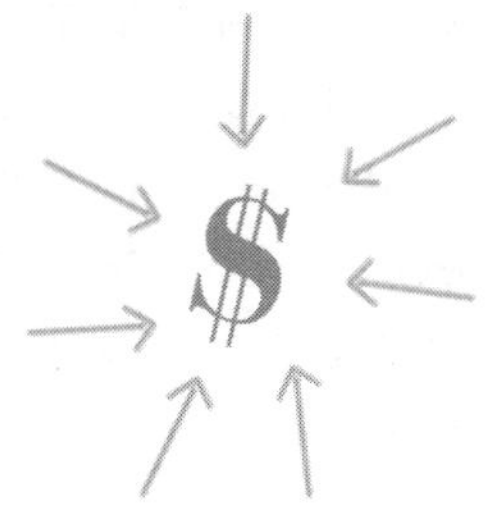

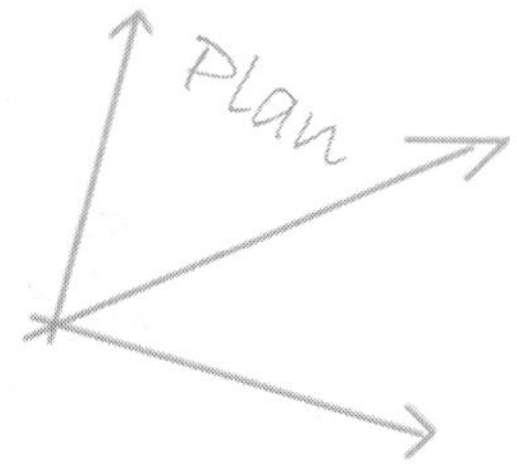

中国财经出版传媒集团
经济科学出版社
Economic Science Press

图书在版编目（CIP）数据

企业家精神、管理层权力与企业可持续发展绩效研究／牛翠萍著．—北京：经济科学出版社，2020.9

ISBN 978-7-5218-1794-2

Ⅰ.①企…　Ⅱ.①牛…　Ⅲ.①企业家-企业精神-研究-中国 ②企业-领导人员-权力-研究-中国 ③企业绩效-研究-中国　Ⅳ.①F279.23

中国版本图书馆CIP数据核字（2020）第152331号

责任编辑：杨　洋　卢玥丞
责任校对：隗立娜
责任印制：李　鹏　范　艳

企业家精神、管理层权力与企业可持续发展绩效研究
牛翠萍　著
经济科学出版社出版、发行　新华书店经销
社址：北京市海淀区阜成路甲28号　邮编：100142
总编部电话：010-88191217　发行部电话：010-88191522
网址：www.esp.com.cn
电子邮件：esp@esp.com.cn
天猫网店：经济科学出版社旗舰店
网址：http://jjkxcbs.tmall.com
北京季蜂印刷有限公司印装
710×1000　16开　12印张　200000字
2020年10月第1版　2020年10月第1次印刷
ISBN 978-7-5218-1794-2　定价：48.00元
（图书出现印装问题，本社负责调换。电话：010-88191510）

前　　言

近年来，习近平总书记在讲话中多次提到“企业家精神”，反映出政府对企业家群体的高度重视。中国中央国务院于2017年9月25日发布《关于营造企业家健康成长环境弘扬优秀企业家精神更好发挥企业家作用的意见》文件，明确了企业家精神的地位和价值，激发和保护企业家精神，对激发市场活力、促进企业的可持续发展具有深远影响。企业家精神的主体是企业家，企业家是企业的异质性稀缺资源，企业家依据其拥有的异质性人力资本而在企业生产经营中占据主导地位。在现实中，企业家除了负有发扬企业家精神的重任，还肩负着有效运用手中的管理层权力为企业可持续发展服务的使命。

我国经济已从高速增长阶段转向高质量绿色发展阶段，经济发展的落脚点在企业。利润最大化曾被视为企业的唯一目标，这种在古典经济学理论中的企业目标已经不再在当今这个整体发展环境中完全适用，企业需要与利益相关者形成共生共赢关系，使利润最大化与社会福祉最大化融合在一起。作为在社会环境中生存的企业，只有得到社会的认可与接纳，才可能在社会进行持续的资源交换中保持持续发展的生命力。企业发展应与时俱进，突破过去固有的利润最大化观念，以追求利润最大化的经济绩效为企业主要目标，同时兼顾社会绩效和生态绩效，真正实现企业的永续发展。企业作为经济社会发展的主体，在追求经济利益的同时，需要深刻认识到积极履行社会责任和保护生态环境的重要性。

为了能够进一步地为政府弘扬企业家精神与规范管理层权力的使用，对促进微观企业可持续成长进而带动宏观经济增长提供论证的经验证据，本书将尝试着探索企业家精神对企业可持续发展绩效的影响效果，考察企业高层管理者所拥有的管理层权力对企业可持续发展绩效产生的影响作用。本书将重点揭示：企业家精神对企业可持续发展绩效产生显著正向影响，企业家精神的创新精神、创业精神、冒险精神分别对经济绩效、社会绩效、生态绩效产生的差异化影响；管理层权力对企业可持续发展绩效呈现出显著的正向影响，管理层权力的不同构成对企业可持续发展绩效产生不同的影响作用；以及制度环境在国有企业与民营企业中的差异化调节效应。这启示我们：应当认识并高度重视企业家精神的作用；正面引导企业家精神，保护和培育企业家精神，强化责任担当，平衡经济绩效、社会绩效和生态绩效之间的利益关系，促进企业永续发展；完善公司治理结构与企业激励机制，规范管理层权力运用，促进企业可持续发展。

目　　录

第1章 导　论

1.1 研究背景

企业家精神是一个有吸引力且不断发展的研究领域，自熊彼特（Schumpeter）开创性的提出以来，至今备受关注，对企业家精神的研究是个不断向前推进的过程。企业家精神的研究源于经济学领域，而后逐渐拓展到心理学、行为学、社会学和管理学等多个学科领域，并在科学研究中占有较为突出的地位。长期以来，企业家精神被认为是创新、增长和发展的引擎（Fortner，2006）。库拉特科（Kuratko，2007）认为，全球经济发展的结果清晰可见，美国和世界上多数经济体逐渐达成一致，承认企业家精神是人类已知的最强大的经济力量（Simon S. Mak，2011）。

政策制定者和实践者对企业家精神同样存在着很大的持续兴趣，企业家精神实践的增长一直在随着学术兴趣和学术研究的发展而不断升级，如何弘扬企业家精神也引起了各国政府与学者们的关注并成为研究的重要课题。哈佛商学院（Harvard Business School，2002）认为，企业家精神是一种随着时间的推移管理机会的方式，它是一种需要运用持续管理方法来识别和追求的机会，整理和组织资源以应对不断变化的机会，以及随着时间的推移和环境的变化而不断对需求进行重新评估的过程。在互联网时代，动态竞争加剧，企业生存难度明显提高，为了应对各种环境所带来的不确定性，企业可以通过塑造企业家精神来保持其核心竞争优势，有效提升企业的可持续发展绩效，从而促进企业持续成长。

全球化的动态环境带来了客户的动态需求，使企业家在面对不断变化的市场时需要重新思考激烈的竞争以及发挥企业家精神的必要性，促进企业创新活动的实现，为企业提供更高水平的核心竞争力和增长。企业家精神在微观层面能有效促进企业的持续成长，在宏观层面能够促进经济增长。根据经济合作与发展组织（OECD）发布的《2017 年企业家精神专题报告》，通过对美国、英国等 35 个国家的数据研究得出，企业家精神是一种在整个经济体中所表现出来的现象。鲍莫尔（Baumol，1990）认为，企业家作为经济发展的稀缺资源，释放了经济活力，被赋予了保持企业活力的重要责任，因此受到了世界各国政府的高度重视，各国政府纷纷为企业家精神的发挥创造良好的制度环境。

中国经济经过多年的高速发展，现在面临着一系列的发展瓶颈，如长期支持经济高速增长的人口红利、资源红利、环境红利均在逐渐消失；资源消耗与环境污染等问题凸显，这些现实都对经济的高质量发展提出了新的要求。从当前的发展形势看，中国经济发展步入新常态，创新驱动已成为国家战略，供给侧结构性改革成为改革的重中之重，中国需要什么样的企业家，需要弘扬怎样的企业家精神？聚焦企业家精神更具价值与意义。近年来，习近平总书记在讲话中多次提到“企业家精神”，反映出政府对企业家群体的高度重视。

2014 年 11 月 9 日，在亚太经合组织工商领导人峰会上，面对来自数十个国家和地区的 1500 多位工商界代表，习近平主席特别提及企业家精神：“我们全面深化改革，就要激发市场蕴藏的活力。市场活力来自于人，特别是来自于企业家，来自于企业家精神”。2017 年 4 月 18 日，中央全面深化改革领导小组第三十四次会议指出：“企业家是经济活动的重要主体，要深度挖掘优秀企业家精神的特质和典型案例，弘扬企业家精神”。中央于 2017 年 9 月 25 日发布的《关于营造企业家健康成长环境弘扬优秀企业家精神更好发挥企业家作用的意见》明确指出，着力营造依法保护企业家合法权益的法治环境、营造促进企业家公平竞争诚信经营的市场环境、营造尊重和激励企业家干事创业的社会氛围，弘扬优秀企业家精神，引导企业家创业创新、服务社会，调动广大企业家的创造性，发挥企业家作用，有助于激发市场活力、实现经济社会持续健康发展。该文件明确了企业家精神的地位和价值，激发和保护了企业家精神，对激发市场活力、促进企业的可持续发展具有深远影响。

党的十九大报告和2018年政府工作报告均提出要激发和保护企业家精神，增强企业家信心。政府已认识到，创新是引领发展的第一动力，并倡导创新文化，强化知识产权创造、保护、运用。由中国企业联合会、中国企业家协会、江阴市人民政府承办的“2018年全国企业家活动日暨中国企业家年会”[①]，在2018年6月6日下午举办的《新时代企业家精神传承与创新》平行论坛上，针对以下方面进行了探讨：第一，新时代需要继承什么样的企业家精神？第二，企业家精神的创新应体现在哪些方面？新时代呼唤企业家精神，企业家精神应该具有新时代特征，中华民族伟大复兴需要具有积极性的企业家精神的传承和创新。这些制度环境安排，表明中国本土化的研究越来越受到中国政府及研究者的重视，为本土化企业家精神的正向发挥提供了稳定的预期，也掀起了企业界实践和学者们研究的热潮。

企业家精神的主体是企业家。在企业发展中，企业家除了负有发扬企业家精神的重任，还肩负着有效运用手中的管理层权力为企业可持续发展服务的使命。在现代企业制度中，企业的所有权与经营权是相互分离的，所有者和经营者之间存在着委托代理关系，所有者是委托人，企业家可能是委托人，也可能是代理人。本书研究的是作为代理人的企业家，如果企业家是代理人，便扮演着管理者的角色，负责企业的经营管理。在企业的实际运营中，管理者对日常经营活动具有决定权，一方面，在企业内部，管理者会更加全面地了解企业内部的各种信息，他们能够不受股东或董事的控制，独立处理企业各项事务，行使其管理权；另一方面，在企业外部，管理者可以作为法人代表与其他企业签订合约，行使其代表权。另外，由于企业股权分散，为节省交易成本，部分股东会将自己的权力转交给董事会代为行使，而董事会因信息不对称、时间成本、怕得罪管理者等原因将权力移交给管理层。最终，管理层除了拥有所有者给予的特定控制权外，还收获了一部分剩余控制权，导致管理层权力不断增大（沈雯捷，2017）。

胡明霞和干胜道（2015）认为，管理者因手中的权力过大而出现“内部人控制”的现象常有发生，谋取私利的渠道增多，利用自身优势，或进行

“寻租”，或操纵企业盈余，或自定高额薪酬，制定出不利于企业绩效的经营决策，为自己谋求更多财富。彭罗斯（1959）则认为，公司创造经济价值的来源在于其有效且具创新的管理资源，经理人是将公司资源转变为公司生产能力和新技术运用的催化剂。在中国企业实践中，公司治理结构还不完善，职业经理人市场还不成熟，企业家利用管理层权力所作出的资源配置决策究竟会对企业可持续发展绩效产生怎样的影响?

可持续发展问题是一个世界性的经久不衰的命题，追求经济、社会和环境的可持续发展已成为全球共识。国家所追求的经济、社会和环境的可持续发展必须依托企业才可能实现。党的十八大报告中提出“大力推进生态文明建设”，是关系人民福祉、关乎民族未来的长远大计。面对资源约束趋紧、环境污染严重、生态系统退化的严峻形势，必须树立尊重自然、顺应自然、保护自然的生态文明理念，把生态文明建设放在突出地位，从源头上扭转生态环境恶化趋势，给子孙后代留下天蓝、地绿、水净的美好家园，为全球生态安全作出贡献。

党的十九大报告中还明确了“加快生态文明体制改革、建设美丽中国、坚持人与自然和谐共生的可持续发展战略”。坚持节约资源和保护环境的基本国策，像对待生命一样对待生态环境，统筹山水林田湖草系统治理，实行最严格的生态环境保护制度，形成绿色发展方式，坚定走生态良好的文明发展道路，坚决制止和惩处破坏生态环境行为，还自然以宁静、和谐、美丽，成为全球生态文明建设的参与者、贡献者与引领者。党的十八大报告和党的十九大报告均提出了：建设生态文明是实现中华民族永续发展的大计。

2018 年政府工作报告中明确提出，“推进污染防治取得更大成效，二氧化硫、化学需氧量（COD）等排放量要下降，重点地区细颗粒物浓度继续下降，提高污染排放标准；深入推进水污染、土壤污染防治；加强生态系统保护和修复。巩固蓝天保卫战成果，树立‘绿水青山就是金山银山’的理念，以前所未有的决心和力度加强生态环境保护，建设天蓝、地绿、水清的美丽中国”。

党的十八大和党的十九大报告及 2018 年政府工作报告均明确了“必须树立和践行‘绿水青山就是金山银山’的理念，努力建设美丽中国”这样的思想。2014 年，国务院批复了国家发改委关于实施《国家应对气候变化规划

（2014－2020年）》的规划[①]。2016年9月19日，李克强总理在纽约联合国总部主持召开“可持续发展目标：共同努力改造我们的世界——中国主张”座谈会，并宣布发布《中国落实2030年可持续发展议程国别方案》[②]，2018年5月19日闭幕的全国生态环境保护大会[③]习近平总书记强调我国率先发布《中国落实2030年可持续发展议程国别方案》及实施《国家应对气候变化规划（2014－2020年）》，重点解决突出生态环境问题，大力推动绿色发展，加快制度创新，推动我国生态文明建设发生历史性、转折性、全局性变化。这些纲领性文件与政策的出台，无疑对新时代的中国企业提出了更高的要求，使企业的管理者不得不重新审视自身的发展战略与策略，重视企业发展的经济绩效、社会绩效和生态绩效，充分体现可持续发展绩效的思想，更好地为本国企业的可持续发展开拓道路。

企业作为经济社会发展的主体，在追求企业经济利益的同时，需要深刻认识到积极履行社会责任和保护生态环境的重要性和必然性。利润最大化或股东利益最大化曾被视为企业的唯一目标，这种古典经济学理论的企业目标已经不再适用当今这个整体发展环境。片面追逐利润、只顾眼前不顾未来、只重数量不重质量、只求私利不顾公益等发展目标，使企业很难再生存下去。企业不仅被视为股东的私产，企业不再是独立的个体，而被视为社会资源的聚集体，企业管理者只是受托人，对社会负有责任。企业需要与利益相关者形成共生共赢关系，使利润最大化与社会福利最大化联合在一起。

作为在社会环境中生存的企业，只有得到社会的认可与接纳，如提升企业社会形象、改善产品质量与服务品质、参与公益事业、提高资源利用率、保护生态环境，获得员工、客户、供应商合作伙伴及政府等各方的支持，才可能在社会的资源交换中保持持续发展的生命力。因此，企业需要在积极履

① 国务院关于国家应对气候变化规划（2014～2020年）的批复，http：//www. gov. cn/zhengce/content/2014－09/19/content_9083. htm。

② 中方发布《中国落实2030年可持续发展议程国别方案》，http：//www. gov. cn/xinwen/2016－10/13/content_5118514. htm。

③ 推动生态文明建设迈上新台阶——全国生态环境保护大会释放四大新信号，http：//www. xinhuanet. com/politics/2018－05/20/c_1122857971. htm。

行社会责任和保护生态环境责任中，实现经济价值的最大化，重视企业的经济绩效、社会绩效和生态绩效之间的均衡发展，充分体现可持续发展绩效的思想，更好地为企业的可持续发展开拓出路。

1.2 问题的提出与研究目的

熊彼特（1912）认为，只有企业家实现创新，“创造性地破坏”经济循环的惯行轨道，推动经济结构从内部进行革命性的破坏，才会有经济发展，企业家“创新”是推动社会经济发展的动力。熊彼特（1934）提出，企业家精神是经济增长的主要推动力，企业家以实施新组合的方式在经济发展中发挥核心作用，其重要性甚至超过增量的重要性，他们的创新成果取代了旧产品，生产过程会被竞争对手迅速模仿，因此，新的平衡会通过这些突破和模仿而被循环创造。熊彼特的“创造性破坏”过程改进了技术，充当了经济增长引擎。要做到这一点，企业必须越来越依赖企业家精神和企业创新（Shepherdet et al.，2009）。因此，企业创新被认为是在组织内开展的某种企业活动（Trujillo & Guzmán，2008）。

一个社会只有企业家处于不断地创新之中，才能保证该社会经济持续长久的发展（支树平，2005）。赵等（Zhao et al.，2015）认为，1990 年，战略管理期刊发布了一份特别的企业创新，表明企业创新正式开始成为管理研究特别感兴趣的分支。然而，根据该期刊上所发表的论文显示，公司企业家精神似乎得到了最多的关注（Guth & Ginsberg，1990）。陈佳贵等（1988）研究认为，中国社会科学院工业经济研究所与香港中文大学工商管理学院 1987 年 12 月在江苏省联合召开的“第六届中国式企业管理研讨会”，会议议题为“企业家精神”，这是我国较早对企业家精神进行的专门研究。此后，也有许多学者相继对企业家精神展开研究，不仅研究其构成要素，也逐渐研究制度环境对企业家精神的影响。

企业家作为经济发展的稀缺资源，受到了世界各国政府的高度重视，各国政府为企业家精神的发挥创造良好的制度环境。诺斯（North，1990）认为，制度不仅隐含对企业家的激励，决定企业家收益水平，也能降低交易成本。要释放企业家精神所蕴含的“正能量”需要合理的制度安排。韩磊等（2017）认为，如何营造良好的制度环境以激活并释放企业家精神的“正能量”且抑制其“负能量”的发挥是摆在世界各国经济发展历程中的重大命题。研究者对企业家精神问题纷纷从不同角度进行求解，能否成功地解释不同制度环境下企业家精神的差异性，为企业家精神在企业可持续发展中的重要程度提供验证的证据，并进一步构建企业家精神理论则成为一项极富挑战性的研究工作。

简森和梅克林（Jensen & Meckling，1976）认为，内部股东既是所有者又是管理者。作为代理人的管理者，其股票份额的减少，也意味着他减少了所拥有的企业产出的权利部分。这将鼓励管理者以额外津贴的方式占用企业资源，更重要的是企业的创新活动也将减少，导致企业价值大大降低，而企业价值的降低意味着企业绩效的降低。舒特（Schutte，2000）对捷克的研究表明，在捷克私有化企业中，在所有者监督缺位的条件下，管理层人员会利用手中的权力大量侵吞企业资产，形成所谓的严重“掏空”问题，不利于企业绩效的提升（Cull et al.，2002；张祥建、徐晋，2007）。权力较大的高层管理者会进行权力寻租，其寻租行为与企业所处环境的不确定性存在显著的正相关关系，与公司绩效呈现出负相关关系（Morse et al.，2011）。国外研究者的已有结论是否同样适用于我国企业的现实发展情况？作为代理人的企业家运用手中权力制定的生产经营决策是否有利于企业的经济绩效、社会绩效及生态绩效的提高？

王旭晓（2004）在《SA8000与企业可持续发展》一文中指出，企业可持续发展指的是企业在追求自我生存和永续发展时，既要考虑实现经营目标、提高市场地位，又要保持企业在既有竞争领域和在未来扩张的经营环境中始终保持持续的盈利能力，保证企业在长时间内保持繁荣状态。邵文华（2006）认为，企业可持续发展既有量的要求，也有质的改变。量的方面，可持续发展要求企业保持合理的增长率，防止发展过度或不足；质的方面，可持续发展强调了道路选择的问题，要求企业改变盈利模式，优化投入产出结构等。

由此看出，早期的研究中，学者们主要强调企业的盈利能力与盈利模式，这种理解还是比较狭隘的。贺凌飞（2018）认为，企业可持续发展是基于企业永续经营的前提，实现企业各项经营指标的稳步提升和保障体系正常运转的良性循环状态。这种状态强调了永续性和长久性，要求企业不能只看到短期内的经济效益，忽略了长期的持续能力。这种对企业可持续发展的定义已经有了变化，强调企业不能只关注短期内的经济效益。随着经济社会环境的改变及研究的发展，企业可持续发展的概念不仅仅停留在企业的财务绩效或盈利能力，而是融入了新的内容，即社会责任和生态环境。在企业可持续发展概念的基础上，衍生出企业可持续发展绩效。

事实上，兰佩（Lampe，1991）认为，可持续发展绩效是指被法律管制、利益相关者压力、经济机会和被管理者公司价值驱动的道德动机四个因素所共同影响企业的生态责任（徐二明、奚艳燕，2010；曾德麟，2013）。温素彬（2007）提出了企业可持续发展绩效的概念，即企业可持续发展绩效是在可持续发展条件下产生的，企业不仅是一个经济主体，也是社会主体和生态主体，企业应坚持经济、生态、社会和谐发展的价值观，关注全体利益相关者的利益，建立基于多重价值创造的经济绩效、生态绩效和社会绩效的企业绩效评价模式。后续的研究者虽然对绩效评价的方法不同，但都是紧紧围绕着经济绩效、社会绩效和生态绩效展开研究。典型的如，陈明坤等（2015）研究认为，可持续发展绩效是一个企业在经济、社会、生态等企业自身及相关利益主体等各个维度上的绩效，是衡量上市公司可持续发展所有驱动力的绩效指标。

本书认为，企业发展应与时俱进，企业应突破过去固有的利润最大化观念，以追求利润最大化为企业目标，同时兼顾社会效益和生态效益，实现企业的多方面价值。企业可持续发展绩效应包含经济绩效、社会绩效和生态绩效三个方面的内容。影响企业可持续发展绩效的因素有企业内部因素和外部因素。企业内部因素中，如企业家精神、管理者、企业文化、技术、企业财务或资本雄厚、企业员工素质等，管理者拥有的管理层权力作出的资源配置决策以及管理者的素质等。企业外部因素中，如市场环境、市场化程度、政府政策等。本书选取了影响企业可持续发展绩效的企业家精神与管理层权力两个关键因素作为研究的解释变量，将制度环境的构成因素政府补助作为调节变量，研究企业家精神、管理层权力与企业可持续发展绩效之间的关系。

现有研究指明，在新的发展环境中，应深入了解和探讨企业家精神对企业可持续发展绩效的影响作用和影响机理，企业家所拥有的管理层权力对企业可持续发展绩效产生的影响作用与机理，探究制度环境在企业家精神与企业可持续发展绩效之间、在管理层权力与企业可持续发展绩效之间可能产生的调节效应，得出研究结论，从而为政府弘扬企业家精神、企业重视企业家精神的关键作用与培育、规范管理层权力运用、坚持企业可持续发展绩效目标提供论证的经验证据与参考方向。因此，本书的研究目的如下：

（1）对以往文献进行梳理，并在此基础上全面回顾和总结企业家精神、管理层权力和企业可持续发展绩效之间的研究，指出现有研究的不足及未来的研究方向。

（2）根据企业家精神理论、企业生命周期理论、“三重绩效”理论、可持续发展理论，探究企业家精神对企业可持续发展绩效的影响。

（3）根据管理层权力理论、委托代理理论、利益相关者理论与资源基础理论，探究企业家的管理层权力在企业家精神方面对企业可持续发展绩效的影响。

（4）根据制度理论，检验制度环境对于企业家精神对中国企业可持续发展绩效影响过程中可能的调节作用，检验制度环境对于企业家所拥有的管理层权力对企业可持续发展绩效影响过程中可能的调节效应。

1.3 研究意义

1.3.1 理论意义

第一，本书丰富了企业家精神理论和可持续发展理论的评价体系，检验了企业家精神理论、管理层权力理论和可持续发展理论等在我国企业的适用性，拓宽了这些理论的适用边界。

本书丰富了企业家精神理论、管理层权力理论和可持续发展理论在中国经济转型关键时期企业管理、公司治理与绩效层面的具体应用，较好地解释并验证了企业家精神对可持续发展绩效以及管理层权力对可持续发展绩效的细化影响。本书在对企业家精神的内涵与测量等做出解释和界定的基础上，增加了客观的企业家精神测量指标。在企业家创新精神测量中，增加了科技创新奖和新立项项目，在企业家冒险精神测量中，尝试了采用风险投资项目的衡量方式，进一步丰富了企业家精神理论的评价体系，补充了现有文献。

本书在中国情境下，检验了企业家精神理论、企业生命周期理论、委托代理理论、管理层权力理论、资源基础理论和可持续发展理论的有效性。熊彼特和鲍莫尔的企业家精神理论能够解释我国企业家精神的现状，当政府和企业制定出合理的政策时，将会引导企业家精神向生产性活动配置，有利于企业的发展和整体经济的增长。企业生命周期理论表明，在企业不同的生命周期阶段，企业家精神的内容和管理层权力的发挥功能也会不同，如在孕育期或创业期，企业家的创业精神和创新精神很重要；在企业的发展期，在持续发挥企业家创新精神的同时，企业应当强调规范运作，以免管理失控，管理层权力的发挥显得十分重要；在成熟期的企业，持续发挥企业家的创新精神十分重要，团队精神同样重要，管理层需要运用其权力构建团队精神，形成向心力。委托代理理论中委托代理关系、管理层权力理论中的权力寻租的现象在我国企业运作中同样存在，如何设计出一套完善的激励与约束机制，来有效激励与约束作为代理人的企业家或管理层的经营行为，使其将资源配置到有利于企业长远发展的活动中去，依然重要。

资源基础理论认为，企业是各种资源的集合体，企业所拥有的特殊的异质性的资源决定了企业竞争力的差异。企业家精神是一个企业所具有的异质性的稀缺资源，这种扎根在企业家身上的资源具有不可模仿性，企业家精神对一个企业的持续发展具有不可估量的价值。每个企业都有可持续发展的愿景，问题是企业能否持续发展，盈利能力已不再是唯一的制胜利器。在盈利的基础上，履行社会责任和生态环境的保护责任，产生正的外部效应，才能永续发展，可持续发展理论仍然能够对本书的结论进行解释。此外，本书能够有力证明这些理论不仅适用于民营企业，对国有企业也同样适用，拓宽了理论的适用边界。

第二，本书研究企业家精神、管理层权力对企业可持续发展绩效的影响，拓宽了研究的范围，丰富了该领域的研究内容。

现有研究成果，主要集中在对企业家精神理论、管理层权力理论与可持续发展理论分门别类的研究，尽管已有研究对这些理论分别从多个维度进行了定义与测量，但研究领域的单一，使研究结果无法揭示出企业家精神对企业可持续发展绩效的功用、管理层权力的有效运用对提升企业可持续发展绩效的益处。并且以前研究的主要内容是企业家精神与企业绩效之间的关系，管理层权力与企业绩效或企业成长性之间的关系，制度环境对企业家精神的影响。研究者们所采用的企业绩效仅是企业可持续发展绩效中的一部分，也没有体现出企业家精神所产生的影响。即便有学者研究企业家精神对企业可持续发展的影响，也仅选用的是财务指标，没有体现非财务指标的内容。将企业家精神、管理层权力与企业可持续发展绩效之间关系结合在一起的研究尚处于“真空地带”。因此，本书发现其中的关系，并拓宽其研究范围。

第三，本书多层次、多角度研究企业家精神、管理层权力和企业可持续发展绩效，推进了研究视角的创新。

许多学者提出的企业家精神的度量大多采取调查问卷的形式，通过问卷得到数据，而且以往研究只注重管理层权力与企业财务绩效的关系，而没有关注管理层权力与企业社会绩效和生态绩效之间的关系。因此，本书尝试着研究企业家精神、管理层权力分别与企业可持续发展绩效之间的关系，本书没有沿用调查问卷获取一手数据的分析方法，而是运用上市公司年度报告、企业社会责任报告和可持续发展报告中的新数据进行论证，提供研究中国本土化的企业家精神、管理层权力和可持续发展绩效的研究新视角，推进了企业家精神、管理层权力和企业可持续发展绩效理论研究视角的创新。

1.3.2 实践意义

除了理论贡献之外，从本书的实践意义看，立足于中国情境，研究国家所倡导的企业管理问题，为厘清企业家精神、管理层权力与企业可持续发展绩效的关系，弘扬企业家精神的发挥、规范管理层权力的运用等方面提供了有益参考。研究结论为企业、监管部门和投资者提供了更符合实际、有效的决策依据。具体体现在以下几个方面：

首先，本书为企业对企业家精神的重视、管理层权力的正确运用与企业可持续发展提供了决策依据。

严格来说，我国对企业家精神的真正认可和关注还处于初级阶段，结合当前的发展环境，深入了解和剖析企业家精神、管理层权力分别对企业可持续发展绩效的影响作用与机理，引起企业对企业家精神与管理层权力规范使用的重视，促进企业可持续发展绩效的提高，为企业可持续发展提供参考依据。本书为深化认识和理解企业可持续发展绩效的影响因素，正确识别和看待企业家精神、管理层权力引致的企业经营后果提供了针对性的参考意见，以期在引导中国的企业家预期、规范企业家行为、激励企业家创新、正确运用管理层权力等方面创造实际价值。

企业家的创新精神、风险承担的精神、战略思维、敬业精神、坚守精神与担当精神，对一个企业能否具有可持续发展的生命力会产生很大的影响，这也可从优秀的企业中见证到，本书也通过实证结果证实了企业家精神对企业可持续发展的积极影响。管理层权力如一把双刃剑，设计出一套有效的激励与约束机制，将会激励管理者运用权力进行有利于企业长期发展的资源配置决策，从而对企业可持续发展绩效的提高产生正向影响。不可否认，对企业来说，追求利润最大化是其主要目标，没有盈利能力，企业无法经营下去，也就谈不上履行社会责任和生态环境保护。

然而，企业也应清楚地认识到，在当前发展的现实大环境中，社会责任和生态责任也已经被提高到日程上，越来越多的企业正在践行，并取得良好的社会效应和收益，如果企业仍停留在过去的发展理念和模式中，将会让企业的经营陷入越来越艰难的境地。因此，根据企业可持续发展绩效评价理论，企业在发展过程中，应该突破过去，超越传统的发展观念，将社会绩效和生态绩效纳入其中，有利于引导和督促企业在生产经营的各个环节都注意可持续发展绩效的落实，以推动企业的可持续发展，真正实现可持续发展。

其次，本书为监管部门和投资者对企业可持续发展绩效的评价提供了直观的经验证据与依据。

只有每个企业都负有社会责任，整个社会的可持续发展问题才能够得到有效解决。本书中企业可持续发展绩效中所增加的非财务绩效，如社会绩效和生态绩效所反映的信息，有利于监管部门对这些上市企业的监督，也有利于投资者对企业发展前景的判断。一个企业能否具有投资价值，主要看该企业能否具有可持续发展的前景，每一个投资者都期望把资金投资到具备可持续发展能力的企业中，以期获得较为稳定的投资收益。纵使一个企业当前的财务绩效或经济绩效很高，盈利能力很强，但如果该企业不重视员工和客户的利益，不参与公益事业，不履行社会责任，不关心生态环境的保护，产生负的外部效应，这样的企业也是会逐渐被淘汰的。因此，本书所采用的经济绩效能够反映企业的盈利能力，非财务绩效如企业的社会绩效和生态绩效也在一定程度上反映了企业的发展空间和前景，对投资者而言，具有一定的参考价值。

最后，本书为政府弘扬企业家精神提供了经验证据。

企业家被赋予了保持企业社会活力的重大责任（Baumol，1993）。企业家作为经济发展的稀缺资源，世界各国政府都高度重视并呼吁企业家精神。在西方，企业家精神已经成为企业创新和区域发展研究领域中炙手可热的词语。经济学家试图用它来解释中小型企业对区域经济发展的作用，管理学家想用它来揭开企业创新、持续发展的深层机理（丁栋虹，2010）。2017 年 9 月 25 日，政府发布的《中共中央国务院关于营造企业家健康成长环境弘扬优秀企业家精神更好发挥企业家作用的意见》文件表明，从政策角度看，在我国经济社会发展的关键时期，弘扬优秀企业家精神深意在于政府已认识到，推动经济持续健康稳定有序发展的要务之一，是促使出现一个不断增加企业家精神供给的环境，以更好释放我国的经济活力。本书深入分析了企业家精神对企业可持续发展绩效的影响效果，从而为政府弘扬企业家精神提供了论证的经验证据，进一步证实了弘扬企业家精神对微观企业可持续成长与宏观经济增长的重要性。

1.4 研究方法

理论发展的使命是挑战和扩展已有的知识，而不是简单地重复验证现有的知识，并且在理论发展的过程中，逻辑应该替代数据成为评价的基础（Whetten，1989）。在缺少必要的理论指导前提下，仅使用数据对命题进行证实，所得出的模型和假设难以有效指导实践，也就是说，理论逻辑和证据缺一不可，它们相互印证。因此，本书拟主要采用以下3种方法进行。

（1）文献考察法。在确定了“企业家精神、管理层权力与企业可持续发展绩效研究：制度环境的调节效应”这一研究问题后，本书对国内外相关领域的文献进行全面和系统的检索和回顾，力求对相关的理论和研究进展有全面的了解。对文献的检索主要定位在主流数据库、学术网站及国内外核心期刊领域。对国外文献的检索，通过南京大学图书馆电子资源的英文数据库：在学术期刊文摘及全文数据库（Academic Source Premier-EBSCO）、美国期刊数据库（American Periodicals，AP）、商业资源文摘及全文数据库（Business Source Premier-EBSCO）、英国期刊数据库（British Periodicals Collection）、剑桥学术期刊（Cambridge Journals Online）、全文期刊库（管理学）（Emerald）、*Journal Storage*（JSTOR）、施普林格（SpringerLink）、精选博士论文全文库（PQDD-ProQuest Digital Dissertation）、国外优秀学术论文（试用）（WorldLib-Excel）、精品学术论文（试用）（Worldlib-Sci）、国外文献整合平台（试用）（Worldlib）等数据库检索相关文献的关键字，以确定并下载相关的文献。

学术网站如美国管理协会（AOM）、中国国际管理管理研究会（IACMR）、科学网（Web of Science）、中国知网、万方数据知识服务平台、维普中文科技期刊数据库、百度学术、百度文库等。国外的核心期刊主要包括 *Academy of Management Journal*（AMJ）、*Academy of Management Review*（AMR）、*Journal of Management*（JOM）等。中国核心期刊包括经济研究、管理世界、南开管理评论等。综合回顾与梳理这些文献，有助于全面、深入了解和把握企业家精神、管理层权力、企业可持续发展绩效、制度环境等领域的研究进展，找出研究的不足和空白，有助于从最新的研究中汲取最前沿的研究理念、研究思路和研究方法。

（2）理论分析与定性演绎。本书通过相关理论进行分析企业家精神、管理层权力和企业可持续发展绩效之间的关系，确定理论研究模型，通过定性演绎方法构建出研究假设。

（3）实证分析。本书将采集整理后的研究变量数据，采用 Eviews 8.0 统计分析软件，首先对研究变量数据进行描述性统计分析、相关性分析、多重共线性检验、正态性检验和主成分分析。其次通过多元回归方法分别实证得到模型主效应和调节效应的结果，对实证结果作出科学的分析和解释。最后综合评价企业家精神对企业可持续发展绩效的影响，企业家所拥有的管理层权力对企业可持续发展绩效产生的影响，以及制度环境在企业家精神与企业可持续发展绩效关系中的调节机制，制度环境在管理层权力和企业可持续发展绩效中的调节作用。本书也采用 Quandt-Andrews Breakpoint Test 方法，对称剔除5%的样本后，对所构建的模型进行了检验，检验模型的稳健性。本书通过实证结果进一步论证研究假设是否成立，以对企业家精神和管理层权力分别对企业可持续发展绩效的影响机制进行较为完整的探索。

1.5　研究内容

本书旨在较为全面地探讨企业家精神、管理层权力对企业可持续发展绩效的影响，采用理论与实证相结合的研究方法探索企业家精神对企业可持续发展绩效的影响，管理层权力对企业可持续发展绩效的影响及制度环境在其中的调节机制。首先理论分析企业家精神、管理层权力与可持续发展绩效的相关内容，其次通过构建企业家精神变量、管理层权力变量、可持续发展绩效变量及制度环境变量，运用实证研究的方法全面分析上市企业在中国情境下的企业家精神发挥、管理层权力的运用及企业可持续发展绩效的现状，最后给出研究结论与展望。本书的研究内容和章节安排如下（见图1－1）：

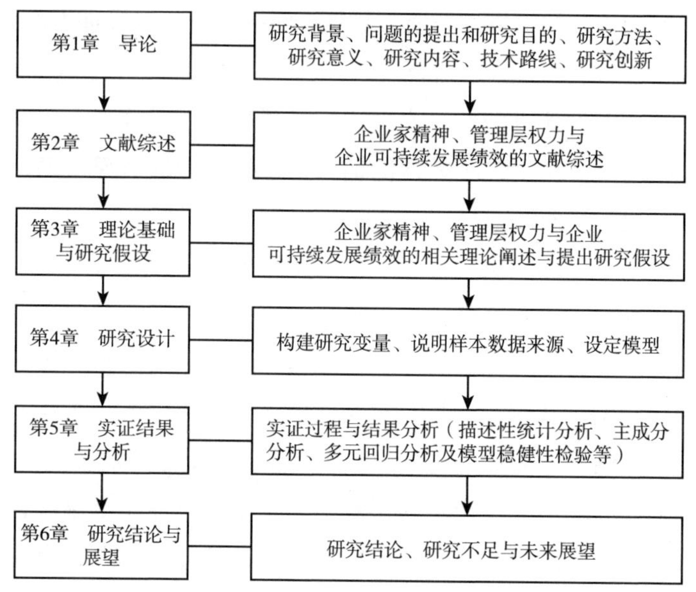

图1－1 本书的研究内容和章节安排

第1章 导论。本章包括研究背景、问题的提出与研究目的、研究方法、研究的理论意义与实践意义、研究内容、技术路线和本书可能的创新。

第2章 文献综述。本章将对企业家精神、管理层权力、企业可持续发展绩效、制度环境等文献进行梳理，分析总结其概念的界定、测量方法等研究现状，为本书提供理论的依据和方法上的参考借鉴。

第3章 理论基础与研究假设。本章将阐述企业家精神理论、委托代理理论、管理层权力理论、企业生命周期理论、三重绩效理论、可持续发展理论、资源基础理论等理论基础，并提出变量之间的研究假设。

第4章 研究设计。定义能够衡量企业家精神、管理层权力、企业可持续发展绩效及制度环境的相关变量；说明本书研究样本的选取和样本数据的来源及样本企业特征；设定实证模型。

第5章 实证结果与分析。采用 Eviews 8.0 统计分析软件，依据有关标准对各变量作出评价：对研究变量数据的描述性统计分析、主成分分析、多元回归分析及模型稳健性检验，通过实证结果，综合论证评价全样本数据及分组数据，企业家精神对企业可持续发展绩效的影响，企业家所拥有的管理层权力对企业可持续发展绩效产生的影响及制度环境在其中的调节机制，并比较它们在国有企业与民营企业中的差异。

第6章　研究结论与展望。本章将对研究结论进行总结，阐述本书的理论贡献，以及对实践的启示作用。同时，客观地指出本书研究的不足，对未来的研究方向和研究内容进行展望。

1.6　技术路线

本书采用理论研究与实证研究相结合，运用上市公司年度报告中的数据，求证新时代企业家精神、管理层权力对企业可持续发展绩效的影响。研究的过程和步骤如下（见图1－2）：

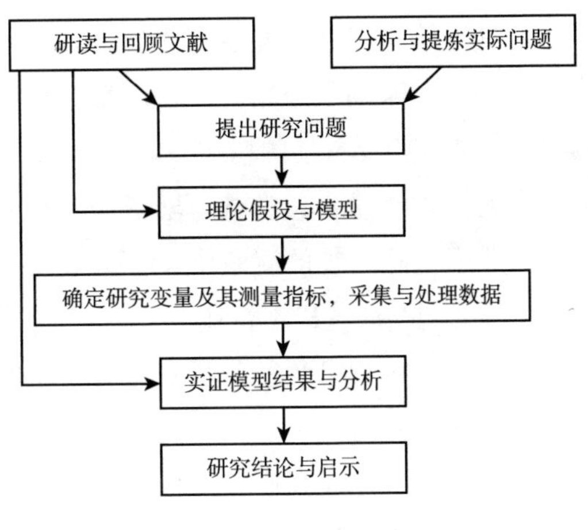

图1－2　技术路线

第一步，全面、详细地检索下载与研究目标和研究内容相关的国内外参考文献，认真阅读、回顾、梳理参考文献。

第二步，提出研究问题，选定理论，提出研究假设，初步构建理论研究模型，设定研究变量的衡量指标，样本数据的采集与整理。

第三步，构建实证模型，实证结果与分析。本书将结合研究问题，建立合理的企业家精神、管理层权力与企业可持续发展绩效的多元回归模型，在统计软件中实现出实证结果，对实证结果作出科学的分析与解释。

第四步，得出研究结论、作出管理启示与展望。

1.7 可能的创新

根据现有研究客观来看，本书可能存在以下创新：

第一，本书在企业家精神的定义、测量与研究结论方面作出了创新。本书给出的企业家精神定义是：企业家精神是企业家所具备的能力与精神的高度概括，是企业家根据所处的发展环境，在对企业内外部信息甄别中及时发现商业机会的能力，充分利用所拥有的资源，实施创新的精神，在企业内部具有创业精神，具备承担风险的精神、坚守精神和责任担当的精神。此定义，一是突出了企业家在所处环境中对信息甄别的重要性，通过辨别信息，找出市场机会；二是除了包含企业家的创业精神、创新精神和冒险精神，也增加了企业家的坚守精神和企业家担当责任的精神。

本书在企业家创新精神的测量中，尝试新增了两个测量指标：科技创新奖和新立项项目。在企业家冒险精神的测量中，尝试采用风险投资项目来衡量，补充现有的文献。通过观察所选样本企业在宣扬其核心竞争力的过程中，会披露技术创新优势，报告期内公司及子公司所拥有科技创新奖和新立项项目，科技创新奖在一定程度上表明了一个企业的创新能力，新立项项目（有的公司也称之为新研发项目）因此受到启发，将新立项项目尝试加入此次研究之中。本书尝试采用风险投资项目来衡量企业家冒险精神。本书的新测量指标代表了对当前措施的改进，虽然新的指标是不完美的，但这项研究代表了对文献的贡献。

在国有企业中，企业家精神对企业可持续发展绩效产生负向影响。这一结论与现有研究所得出的企业家精神对企业绩效产生正向影响的结论不同，该结论证实了2016年8月国务院办公厅发布的《关于建立国有企业违规经营投资责任追究制度的意见》文件出台的背景。这一研究结论与当前国有企业发展的现实较为吻合。在民营企业中，政府补助在管理层权力与企业可持续发展绩效之间的关系中起较为显著的正向调节作用，即管理层权力对企业可持续发展绩效的正向影响在获得较高政府补助的企业中更为强烈。

第二，本书对管理层权力、企业可持续发展绩效进行了界定。管理层权力是指企业高层管理者在职务范围以内的权力，包括决策权、执行权和监督权。该定义强调的是管理者的职位权力，不包含管理者的个人素质与风格等特征。企业可持续发展绩效是企业在追求自身经济绩效最大化的同时，注重社会绩效和生态绩效，保护企业全体相关者的利益，实现企业的可持续发展。该定义表明，企业发展应与时俱进，企业应当突破过去固有的利润最大化观念，以追求利润最大化为企业主要目标，同时兼顾社会效益和生态效益，实现企业的多方面价值。在对企业可持续发展绩效的测量中，本书在社会绩效和生态绩效中的测量指标均受到企业年度报告、企业社会责任报告和企业可持续发展报告中披露内容的启示，在已有研究的基础上有了一定的突破。

第三，本书紧扣企业家精神对企业可持续发展绩效影响、管理层权力对企业可持续发展绩效影响的主题，深入剖析它们之间的影响关系，从企业家精神的发挥与管理层权力的规范角度提出了有利于实现企业可持续发展绩效提高的实践启示。根据研究结论，本书提出了如下建议：一是企业应当认识并高度重视企业家精神的作用。企业不应当只把企业家当成仅完成日常管理事务的管理者对待。二是正面引导企业家精神，保护和培育企业家精神，强化责任担当，促进企业的永续发展。政府营造有利于企业家精神发挥的外部环境与企业进行内部环境的完善，坚定企业家信心，稳定企业家预期，充分挖掘企业家的潜能，使企业家精神更多流向生产性活动中。三是完善公司治理结构与企业激励机制，规范管理层权力的运用，促进企业可持续发展。完善公司治理结构，主要从以下三个方面进行：优化结构性权力，选择合适的董事长与总经理；确定合适的董事会规模，完善并切实执行董事会制度；确定监事会构成，强化监事会的监督机制。企业完善内部的激励机制，按管理者的贡献进行分配，实施股权、期权与增值权长期激励，以激励管理层作出对企业长远发展有益的资源配置决策。本书认为，企业既要追求持续的盈利增长，也要考虑到利益相关者之间的关系，履行社会责任，创造企业的社会绩效与生态绩效，创造正的外部效应，为人类赖以生存的环境作出应有的贡献，实现多方共赢。这些建议也是本书可能的创新点之一，以期对实践起到启示作用。

第2章　文献综述

2.1　企业家精神的研究现状

2.1.1　企业家精神的概念研究

拜格列夫和霍弗（Bygrave & Hofer，1991）认为，好的科学必须从好的定义开始。由于企业家精神定义的模糊，尽管业界对企业家精神的核心作用存有广泛的共识，但学者们长期以来却对企业家精神的定义持不同的意见，缺乏对企业家精神的共识定义（Iversen et al.，2008），对企业家精神的研究正处在蓬勃发展之中。许多不同的功能定义使研究者们认识到，如果不考虑多种因素，就无法捕捉到全部的企业家精神定义（Iversen et al.，2008）。在深入研究企业家精神的术语之前，首先要探索企业家精神本身的实践基础。企业家精神可能意味着许多不同的人有许多不同的事情，因此需要回顾企业家精神的发展历程。

自企业家精神被研究以来，研究者们对企业家精神的概念通常是从个体、团队、公司（组织）、区域、社会和国家等层面进行阐述和界定的。20世纪30~80年代末期，企业家精神研究的重点在于商业企业中的个体风险承担者（Brazeal & Herbert，1999），然后从研究风险承担者的个体转变为创业过程维度中的其他方面，企业家精神的研究也从经济学领域拓展到了行为学、心理学、社会学和管理学等诸多领域。经过对文献的梳理发现，对企业家精神的研究可以分成理论研究和实证研究。

对企业家精神的研究可以追溯到18世纪，而最系统最丰富的研究始于20世纪70年代和80年代。理论对话提升了对企业家精神特征和实践的许多核心原则的认识和理解。虽然存在定义的困境，但诸多研究者认为最终将产生一个达成一致的概念共识。企业家精神研究者一般关注企业家个体或新创企业家的活动，更多的研究者则是去了解这一现象并取得理论进展（Covin & Slevin，1991）。企业家精神概念的研究离不开其发展的三个历史阶段。

1. 企业家精神研究的三个历史阶段

为了更清楚地了解企业家精神的演变，学者们（Landström & Benner，2010）对以往企业家精神研究的回顾分为三个历史阶段：经济时代（1870～1940年）；社会科学时代（1940～1970年）及管理研究时代（1970年至今）。

企业家精神的理论研究最早出现在经济学领域。根据综述（Hébert & Link，1989；Wennekers & Thurik，1999；曾铖等，2015）对企业家精神的讨论，经济学理论文献划分成三个学派：（1）德国学派强调企业家的创新精神，创新精神是企业家精神的核心，以熊彼特（Schumpeter，1934）和鲍莫尔（Baumol，1990）为代表性学者。熊彼特对企业家精神的定义见表2－1。企业家精神包括不同类型的非生产性创新，包括寻租程序的创新（Baumol，1990）。鲍莫尔是继熊彼特之后对企业家精神研究领域作出巨大贡献无可争议的学者（邢源源等，2017）。（2）芝加哥学派注重企业家应对市场失衡的能力及风险承担能力和冒险精神，以奈特（Knight，1921）和舒尔茨（Schultz，1980）为代表性人物。（3）奥地利学派着重关注企业家对市场机会的识别能力，以米塞斯（Mises，1951）和柯维纳（Krizner，1973）为代表性研究者。

表2－1　早期主流学者的定义

学者	企业家精神的定义
奈特（Knight，1921）	敢于冒险的创业精神，当未来不仅未知，而且不可知时，会发生不确定性，机会出现在围绕变化的不确定性之中
熊彼特（Schumpeter，1934）	通过“创造性破坏”打破市场均衡，企业家不断地通过开发新产品、获取新的原材料、引入新的生产方法、建立新的组织形式、开辟新市场等创新活动打破原有市场的均衡。企业家精神的核心是创新

续表

学者	企业家精神的定义
米塞斯（Mises，1951）；柯维纳（Krizner，1973）	企业家对所面对的市场具有高度敏锐的洞察力，在识别和处理获利机会方面的高度警觉性，能够及时抓住市场的新机会，抢先获利。机会识别是企业家精神的重要特征
舒尔茨（Schultz，1980）	重新分配资源以有效处理市场不平衡的能力，实现利润最大化。强调企业家精神的核心是成功应对市场失衡的能力，即重新分配资源，以获得各种可观的回报
鲍莫尔（Baumol，1990）	生产性企业家精神是指涉及能够为企业家及社会创造财富的创新活动，包括产品/服务创新、商业模式创新、新技术应用和建立新公司。非生产性企业家精神指的是非生产性的创新活动，主要是破坏经济中的财富，并导致某些个人以牺牲其他个人和社会为代价获得回报

资料来源：本书整理。

社会科学时代把企业家精神当成一种经验现象，侧重于社会系统及其行为者的构成，包括新创企业的活动及个体企业家。如埃弗里特·哈根（Everett Hagen，1962）分析了在日本、英格兰、哥伦比亚和缅甸出现的创新和技术，通过调查询问一些相关的研究问题，得出企业家往往来自某些社会群体而非其他群体。埃弗里特·哈根的贡献提出了企业家个体品质在社会科学领域中的企业家精神研究的重要性。通过心理学家和社会学家的著作及其推动，企业家精神的研究继续蓬勃发展。

企业家精神在管理研究时代的发展有其自身的背景。自 20 世纪 60 年代新技术的出现，行业结构发生了变化，大公司发生了变化并开始质疑自身的效率，小公司的崛起，对创业态度，特别是在发达经济体中出现的对创业活动政治方面的支持，使得管理研究进入了这一有希望的研究领域（DING Zhujun，2013）。最初，管理学者通过调查企业家特质和个性特征来研究企业家精神，即“特质”研究。加特纳（Gartner，1988）则批评指出企业家精神的研究重点应在行为上，而不是特质上。这些早期研究可以用研究者的“盲人和大象”比喻来概括触及企业家精神研究的不同部分，并提供非常不同的观察特征（Churchill，1992），丘吉尔进一步提出，这种早期相对非结构化的探索“大象”在很大程度上受到先前经济学、社会学和心理学研究的影响。为了能较为清晰地理解企业家精神整体的研究情况，大多数研究者采用“现象驱动的方法”来理解现实复杂和异质现象（Davidsson，2008）。但是，该方法却导致对企业家精神现象的理论经验研究的高度分裂。正如科普尔和明尼提（Koppl & Minniti，2003）所描述的那样“我们正在获得更多的拼图，但没有出现图片”。管理研究则是从各种角度出发，结合不同的理论视角进行企业家精神的研究。在 20 世纪 90 年代，企业家精神研究几乎呈指数增长，越来越多的学者进入该领域（DING Zhujun，2013），从管理领域、社会科学等其他领域的各个学科积累了更多的贡献，研究者及其发表文章的数量均有较大增长，为企业家精神研究做出了较大的贡献。对于早期的主流学者所提出的企业家精神定义如表 2－1 所示。

2. 企业家精神研究的主要层次

夏尔马和克里斯曼（Sharma & Chrisman，1999）提出了个体企业家精神、内企业家精神和公司企业家精神的层次概念。时鹏程和许磊（2006）通过梳理国外学者研究企业家精神的脉络，着重论述了作为一种社会现象时的企业家精神在企业家个体、组织和社会三个层次的表现。但纵观企业家精神的研究文献，主要还是从个体企业家精神、公司企业家精神与企业家精神研究的新情境的角度进行分析。

第一，个体企业家精神的概念。学者们分别从企业家行为和特质的角度研究个体企业家精神。

（1）企业家行为的视角。企业家精神从行为角度定义的共同点是：开创性、组织与重组社会或经济体系的资源、承担风险或失败（Albert Shapiro，1975），有关这一定义如表 2－2 所示。阿尔伯特·夏皮罗（Albert Shapiro）对企业家精神的定义起到了很重要的抛砖引玉作用，后来的国内外学者所提出的企业家精神概念均与它有着相关联系。代表性学者如表 2－2 所示。（2）企业家特质的视角。基于企业家特质研究企业家精神的学者如表 2－3 所示，这一类研究者注重企业家的特质在企业家精神中的构成，如意志、思维、态度及精神。

表2-2　　早期学者基于企业家行为视角的定义

学者	个体企业家精神的定义
阿尔伯特·夏皮罗（Albert Shapiro，1975）	既是企业家通过贡献必要的时间和努力，创造新价值的过程，也是通过承担相应的资产、心理和社会风险，并得到由此而产生的金钱及个人报酬的满足
德鲁克（Drucker，1984）	是行为而不是人格特质，因此可以学习，而基础在于概念和理论，而不是直觉
德鲁克（Drucker，1985）	一种革新行为，这种行为的实质就是创新性
考夫曼和丹特（Kaufmann & Dant，1998）	企业家在经济过程中所表现出的企业家角色，以及企业家的行为或活动

资料来源：本书整理。

表2-3　　代表性学者基于企业家特质视角的定义

学者	个体企业家精神的定义
赫伯特（Hebert，1989）；卢普金（Lumpin，1996）	个人外在的能力和意志，针对现有的条件创造新的市场机会
邢以群（1994）	企业家在经营企业的环境中形成的独特的思想意识、思维方式和心理状态
刘林章（1995）	企业家的信仰、观念、意志和价值观的总和
汪丁丁（2005）	熊彼特的创新精神、韦伯的敬业精神和诺斯的合作精神
支树平（2005）	企业家更富有战略眼光、创造能力、创新能力、冒险精神、协调能力和运筹运作能力
林左鸣、吴秀生（2005）	进取精神、创新精神、契约精神、诚信精神、敬业精神、奉献精神和民族精神
丁栋虹（2005）	企业家在经营体制和环境中养成的心理状态、价值观念、思维方式和精神素质
丁栋虹（2010）	企业家的内在禀赋，是一种善于发现、创新和整合的能力
钱明霞（2005）；张维迎、盛斌（2014）	冒险精神、创新精神、不满足精神和英雄主义精神
李等（Lee，2019）	企业家精神是在将一系列不确定的情况转变为特定情况的过程中，所表现出来的一种精神的、身体的和情境的经历

资料来源：本书整理。

第二，公司企业家精神的概念。公司企业家精神的理念可以追溯到20世纪70年代中期。它最初由彼得森和伯格（Peterson & Berger，1971）引入，作为大型组织采用的战略和领导风格，以应对日益增长的市场动荡。直到20世纪80年代初，伯格曼（Burgelman，1983）和米勒（Miller，1983）的著作出版后，公司企业家精神才成为一个独立的研究主题被关注。学者们主要从公司创新行为、资源组合和战略的视角研究公司企业家精神。

（1）公司创新行为的视角。研究公司企业家精神的典型学者如表2－4所示，这些学者关注的是公司在发挥企业家精神过程中的创新行为。（2）资源组合的视角。对公司企业家精神的定义中强调资源重组或内外部资源的重新组合的重要作用，主流学者如表2－5所示。（3）战略的视角。米勒（Miller，1983）是最早提出公司企业家精神概念的学者，即公司企业家精神是一个整合企业的产品和技术创新、风险承担和领先精神等活动的多维度概念。在这些既定要素的基础上，许多研究者在企业家精神领域进行了拓展，这一类学者强调战略管理能力在企业家精神中的运用，其主流学者如表2－6所示。

表2－4　　学者们基于公司创新行为视角的定义

学者	公司企业家精神的定义
斯潘等（Spann，1988）	公司内部各部门在开发新产品、创造新市场、采用新技术方面所展现出来的能力
詹宁斯和卢普金（Jennings & Lumpkin，1989）	一个企业洞察环境寻找新的机会、兼并另一个公司、开发新的产品和从事风险投资管理的活动
陈劲等（2003）	企业家精神在整个公司的渗透，主要体现在公司的创新与风险创业等行为上
时鹏程、许磊（2006）	企业家行为理性的实践过程，具有主体性、制度性、实践性及继承性等基本特征
欧雪银（2011）	公司敢承担风险创造财富的创新行为：它是由公司努力和公司能力所组成。公司努力的主要成分是生产性努力，公司能力包括识别和利用机会能力、寻租能力、学习与吸收能力及创新能力
张翔、丁栋虹（2016）	组织的更新，其实质就是企业对组织惰性的不断否定
谢莉和张爱（Li Xie & Ai Zhang，2019）	创新型企业家在一定范围内利用现有资源和未来资源，开拓新事业的过程

资料来源：本书整理。

表2-5　学者们基于资源组合视角的定义

学者	公司企业家精神的定义
伯格曼（Burgelman，1983）	企业借助新的资源组合从事多元化活动，从而拓展公司竞争领域和发掘机会的过程
罗伯特·朗斯陶尔特（Robert Ronstaolt，1984）	创造财富增量的动态过程，是企业家在承担资产、时间和事业投入风险的情况下，通过产品或服务产生价值来创造财富，通过重新配置所获得的资源和技能而形成的新价值
陈忠卫、李晶（2005）	已有组织内通过对内部资源的重新整合，以实现产品开发、组织结构的变化、新事业创建等创新活动
洛（Low，2009）	拥有或经营一家公司以获取经济租金，同时承担公司的风险和不确定性，创新或持续重新分配资源
庞长伟、李垣（2011）	企业家发挥自身才能，积极地探索市场机会，创造新资源并以新的方式整合现有资源

资料来源：本书整理。

表2-6　学者们基于战略视角的定义

学者	公司企业家精神的定义
古斯和金斯伯格（Guth & Ginsberg，1990）	包括两类活动：一类是在现有企业内部创造新业务，如内部创新；另一类是通过更新企业的核心理念实现企业转型，如战略更新
科文和斯莱文（Covin & Slevin，1991）	企业家精神在整个公司的渗透，即一种战略导向，该导向以创新、冒险和开创性为特征
卢普金等（Lumpkin et al.，1996）	个人、组织独立或在现有企业内部创建新的企业
扎赫拉（Zahra，1991，1996）	在现有企业内部进行创业，从战略的角度更新现有企业的过程，如创新，风险投资和战略更新
夏尔马和克里斯曼（Sharma & Chrisman，1999）；杰弗里和摩根（Jeffrey & Morgan，1999）	与某一现有企业相关的个体或者群体创建新的企业，或者在该企业内更新或创新的过程，包含持续再生、组织更新、战略更新和开拓新领域的活动
霍恩斯比等（Hornsby et al.，2002）	集中体现为一种能力，这种能力可以使企业获得创新技能以更新企业活力
蒋春燕、赵曙明（2006）	强调产品和市场的战略导向
戴维奇等（2009）	企业通过内部发展从事多元化活动的一个过程
希特等（Hitt et al.，2011）	表现出一种战略导向的企业家精神

续表

学者	公司企业家精神的定义
福斯和林格西（Foss & Lyngsi，2011）	需要同时具备企业家精神和战略管理的能力
基姆（Kim，2018）	战略企业家精神强调企业家精神与战略管理之间的互补能力
布伊等（Bui et al.，2020）	公司企业家精神的观点中融入了战略敏捷性的取向

资料来源：本书整理。

除了从个体企业家精神和公司企业家精神研究的层次外，学者们也结合自己的理解给出了企业家精神的概念。这些概念不同于上述的任何一个视角，例如，学者们强调与创业之间的联系（张玉利，2002），注重机会（张玉利，2004），关注绿色企业家精神（Green Project，2012；Dale，2018；Muo & Azeez，2019；Grinevich et al.，2020）等（见表2－7）。

表2－7　　学者对企业家精神的其他定义

学者	企业家精神的定义
张玉利（2004）	将一系列独特的资源集中在一起从事开采机会的过程，其关注的焦点是机会而非目前所掌握资源的情况
张伟（Wei Zhang，2012）	开展企业投资以填补市场缺口的活动，这些人对其运营作出主要决策并承担其失败的风险，认为企业家精神有四种不同的要素：创新、警觉、判断和承担未知风险的意愿。创新、警觉、决策和冒险是企业家精神的四个方面，它们并不互相排斥
戴尔（Dale，2018）；穆和阿泽兹（Muo & Azeez，2019）	绿色企业家精神是企业家从中获得利益相关者的支持以追求他/她的野心
格里涅等（Grinevich et al.，2020）	绿色企业家精神是企业家团队将新兴的绿色逻辑与其他制度逻辑相结合，以灵活的策略降低共享经济平台运作的复杂性，应对政府机构、投资者和消费者的期望，实现利润增长
马勒巴和麦凯维（Malerba & McKelvey，2018）	整合熊彼特、进化经济学与创新系统提出知识密集型创新企业家精神，即将个体企业家与获得资源，机会和机会更广泛的前景，以影响公司未来发展的过程
亨宁和麦凯维（Henning & McKelvey，2020）	企业家精神是一个涉及个人、商业活动和公司活动的过程，是对技术发展过程中所涉及的不确定性，特别是其在开发生产机会的过程中整合内部和外部资源的过程

资料来源：本书整理。

第三，企业家精神研究的新情境：中国新时代、本土化的企业家精神。除了学者们的研究成果，我国政策制定者给出了新时代、本土化的企业家精神内涵。2017年在文件《关于营造企业家健康成长环境弘扬优秀企业家精神更好发挥企业家作用的意见》中，将优秀企业家精神界定为爱岗敬业、遵纪守法、艰苦奋斗；创新发展、专注品质、追求卓越；履行责任、敢于担当、服务社会。该意见出台后，国内的专家学者对文件中的企业家精神内涵进行了解读，具体如表2-8所示。

表2-8　对新时代企业家精神的解读

学者	企业家精神的内涵
赵宜萱等（2017）	工匠精神属于企业家精神的范畴，企业家在工匠精神的约束下，充分发挥奉献精神，履行社会责任
张玉利、谢巍（2018）	包含共性和相对稳定的内涵，如需要传承的创新发展、敢于担当、诚信守约、履行责任、艰苦奋斗等精神；强调时代性和动态性，如专注品质、追求卓越、爱国敬业、服务社会，以更好弘扬工匠精神和创造社会价值，让优秀企业家在创新驱动发展，提升中国企业家精神的整体水平
张玉利（2019）	鼓励企业家创新创业，需要建立保护创新企业家的容错机制

资料来源：本书整理。

同时也发现，有学者提出破产程序是微调债务人和债权人个人利益的根源，有助于保持企业家创业精神和冒险精神活动。无论破产的性质如何，破产都伴随着破产企业家和决策者可预见和意想不到的后果，而制定的有关公司绩效的企业家制度（Eklund et al.，2020），这一观点与张玉利（2019）所提出的容错机制有相同之处。

本书分别从学者和政府领导者的角度梳理与述评了企业家精神的理论内涵，同时也可看出，培育一国企业家精神的政策和计划正变得越来越受重视。然而，缺乏理论上合理的定义和企业家精神适当的测量会阻碍有效的政策制定和研究。现有研究使用了大量的企业家精神指标，每个指标都包括了企业家精神的一个或多个属性，每个属性都决定了该地区和感兴趣的时间段的数据可用性。最重要的是，企业家精神的常用测量指标忽视了建立有利于经济长期发展的企业家精神属性，研究者必须发展更可靠的企业家精神测量指标，以加强企业家精神研究并制定更有效的经济发展战略。

2.1.2 企业家精神的主要维度

拜格雷夫（Bygrave，1991）认为，企业家精神是一个涉及所有功能、活动和创新与感知机会的过程。张伟（Wei Zhang，2012）认为，企业家精神有四种不同的要素：创新、警觉、判断和承担未知风险的意愿，这四个方面，它们并不互相排斥，可以从各种企业家精神中检测到这四种特征的组合。不同的研究者对企业家精神的维度会有不同的理解，但纵观现有研究发现，学者们普遍认同的主要维度如下。

1. 企业家精神的创新维度

创新是企业家精神的核心和灵魂，它包含在这一研究领域的许多主流文献中（Schumpeter，1934；Miller，1983）。白少君等（2014）发现，众多学者认为创新是企业家精神的核心特质，但他们对创新的理解却并不完全相同。熊彼特、柯兹纳、奈特和舒尔茨等（Schumpeter、Kirzner、Knight and Schultz）学者对企业家精神的定义都融入了创新因素。企业家精神的开创性研究强调了创新是企业家精神的主要标准（Schumpeter，1934；Jennings &Young，1990；Covin & Miles，1999）。奈特和熊彼特（Knight & Schumpeter）的企业家创造了市场经济中的不平衡，需要创新或改变。奈特（Knight）认为，企业家通过创新带动经济，随着这些创新的采用和传播，以适应不断变化的市场。熊彼特认为创新是多方面的，包括产品、流程、组织、采购和市场创新。

尽管熊彼特、柯兹纳、奈特和舒尔茨将创新融入到他们对企业家精神的理论定义中，但大多数的经验定义企业家精神忽视了创新，主要是因为创新很难测量。在该领域的研究者已经从几个方面看待企业家精神中的创新。早期的研究人员试图将创新细分为产品市场或技术创新。创新实践专注于营销或广告功能，产品设计和/或市场研究将是产品市场创新的典型（Miller & Friesen，1978）。米勒和弗里森（Miller & Friesen，1983）通过补充扩展了这个定义，将创新视为一个组织为推出新产品、服务、流程、技术、系统、计划和结构而付出的努力。创新主要体现在企业利用新的资源进行开发新产品和新服务方面（Cunningham & Lischeron，1991）。创新是公司追求创新或新颖的解决方案，包括产品的开发或提升服务，以及新的管理技术和执行技术的能力（Knight，1997）。企业家寻求变化，对其做出回应，并将其作为一种可以利用的无穷大机会。

对于新创企业，企业家的主要目标是创新、可行性和增长。创新是企业倾向于参与和支持新的想法，创造新产品、提供新服务和创造新流程（Davis，2007）。企业家精神的独特之处在于创新，其创新能力体现在产品创新、技术创新、组织创新、市场创新与制度创新等能力（欧雪银，2011）。正如熊彼特最初强调的那样，企业家被认为是创新者。他们引入了新的组合，通过“创造性破坏”过程达到先前的均衡。企业家精神的独特之处在于创新。由于长期以来的认为，没有创新，人们不可能成为企业家，只有当他们真正实施新的组合时（Bjornskov et al.，2008）。在企业家精神活动中，创新存在相对劣势：丧失社会规范声望、更高的价格、增加时间和精力、学习和使用的难度更大。创新存在相对优势：更好地兼容客户需求，经验，价值、政府监管减少、更大的环境效益和影响、个人更大的亲社会动机，提出“绿色”创新（Bendell，2014）。

2. 企业家精神的创业维度

创业机会是企业家精神的核心主题研究。企业家精神的定义已经扩展到包括企业内部的创业实践（Stevenson & Jarillo，1990；赵慧军，2001）。这些类型的企业家精神的增加广泛地扩大了企业家精神的总体概念。在这些更高层次或更大的组织中，企业家精神的理念经常通过组织内部的创新来解释。伦普金和戴斯（Lumpkin & Dess，1996）使用战略内容和过程之间差异的类比，强调了区分企业家精神和创业家创业导向的重要性，企业家精神是创立新企业的行为，突出战略的内容。企业家创业导向被定义为产生新创的过程、实践和决策活动（Lumpkin & Dess，1996；Dess et al.，1999）。

企业家精神是基于追求独立的活动和在组织范围内开展的活动的差异化

创业活动（Sharma & Chrisman，1999）。企业家不一定想要打破旧的思想，但也许只是为了重新混合古老的想法来制作一个看似新的应用。创业机会被定义为通过情境形成新的手段、目标—实现关系，通过这种关系来形成新的可以引入产品、服务和组织的方法（Eckhardt & Shane，2003）。库拉特斯（Kuratko，2007）将企业家精神定义为创立新企业，初创公司是企业家在创意的基础上所创立的公司，创业导向是决策、过程和实践所导致的新进入的活动（Davis，2007）。只有一小部分新企业具有创业精神，伴随成功的最大潜力，创造新的就业机会和经济增长（Shane，2008）。

企业家精神推动创新，但也是一个在地理上明显不平衡的过程（Stam，2010），尽管一些地区已经成为创业活动的热点地区，但其他地区却一直落后（Guzman & Stern，2015）。为什么在所谓的“扁平化”世界中，企业创业活动没有更多的区域趋同？（Siddharth Vedula，2015）。学者们借鉴不同学科的基本思想，利用一系列理论观点来研究这个问题。例如，经济地理学家关注地理位置，集聚外部性在吸引企业家到地区方面的作用（Delgado et al.，2010），社会学家强调了区域制度环境在激励创业行动中的重要作用（Tolbert et al.，2011），注重战略的企业家通过内生企业动力学专注于区域产业的发展（Agarwal & Braguinsky，2014）。经济合作与发展组织（OECD，2017）则认为，企业家精神是与创业活动相关的现象，是通过创造或扩展经济活动，通过识别和开发新产品、流程或市场，追求价值创造的企业人类行动。

3. 企业家精神的机会识别维度

企业家精神的重要维度为机会识别。企业家精神是企业家通过汇聚一系列独特的资源发现以前所没有的机会，从而创造价值的过程（Stevenson et al.，1999）。公司企业家精神是将公司、市场和行业转变为机遇，以创造价值，是一个组织主动创建一个其他人没有认识到或者正在积极寻求利用的新产品市场领域的活动（Covin & Miles，1999）；是识别和利用以前未被开发的机会（Hitt et al.，2001）；是社会、地区、组织或个人识别并寻求创造财富的商业机会的行为和过程（George & Zahra，2002）。无论是新创企业家精神还是成熟企业家精神：两者都涉及机会识别，都要求企业家能够运用管理技能、实用主义的热情及有耐心的主动性以平衡愿景，都需要一个可以成功资本化运作的机会之窗（Brizek，2003）。企业家精神主要是感知（机会识别）和动作（新进入，或利用识别的机会）的过程（Low，2009）。从最简单的意义上说，企业家精神是识别、评估和利用机会的过程（Eckhardt & Shane，2003；Shane，2012）。

4. 企业家精神的风险承担精神或冒险精神维度

冒险精神对企业家行动的影响最初产生于所提出的企业家理念，强调企业家精神的风险承担性（Stewart & Roth，2001）。虽然企业家所承担的风险类型随着时间的推移而不断扩大，但企业家精神这一术语不仅代表自雇个体，企业家的冒险行为仍然是将他们与其他个人或组织区分开的关键因素。风险和不确定性是企业家精神的重要因素，因为他们将企业家与工薪工人区别开来（Knight，1942；Casson，2003）。奈特和卡森（Knight & Casson）都强调企业家承担成本建立公司，获得不确定的补偿，存在厌恶风险的倾向较低或厌恶不确定性的程度较低。奈特表示，企业家通过发起作为经济先驱创新并承担与创新风险和不确定性相关的成本。为了承担公司风险和不确定性，企业家所有权在所有合同付款后获得剩余收益（Casson，2003）。鲍莫尔（Baumol，1993）认为，企业家的不确定性厌恶程度异常低。而布劳格（Blaug，2000）认为企业家精神是一种有远见和承担风险的意愿，风险活动和追求机会的意愿是相关的（Morris & Kuratko，2002），进而贾斯汀·戴维斯（Justinl. Davis，2007）研究认为，风险承担是管理者愿意做出多大的风险承诺，也就是对某些合适的企业发展机会所要承担的昂贵失败风险。

以上梳理回顾了企业家精神的概念及主要维度的研究进展，下面就企业家精神的测量研究进行综述。

2.1.3　企业家精神的测量研究

至今并没有就如何衡量企业家精神达成共识，每种方法都有不同的解释。纵观学术界，分别从微观视角与宏观视角进行测量企业家精神。

1. 企业家精神的测量研究：微观视角

微观视角则主要倾向于心理学视角来测量个体企业家精神与公司企业家精神，且多数研究者是用于测量公司企业家精神的，代表性学者如下。丁栋虹（2010）通过梳理已有文献得出，研究者们通常采用个性特征或人口统计信息测量企业家精神，人口统计信息主要包括如年龄、教育程度、专业背景、工作经历等。从态度的角度来度量企业家精神（Breckler，1984；Chaiken & Stangor，1987），根据态度理论三维度模型开发出实体访问对象（EAO）（Robinson & Stimpson，1991）。在国外学者的测量中，部分测量指标存在相同之处，具体如表 2 -9 所示。

表 2 -9　　企业家创新精神的微观测量指标

学者	测量指标
米勒（Miller，1983）	创新性、开拓性和冒险性
布雷克勒（Breckler，1984）；柴肯和坦格（Chaiken & Stangor，1987）	态度从情感、认知、动向方面设计测量指标
罗宾逊和斯延普森（Robinson & Stimpson，1991）	EAO 包含 4 个子量表：业务成就、业务创新、对结果的个人控制感知和感知的职场自尊，每个子量表包含情感、认知和动向 3 个维度
吉斯和金斯伯格（Guth & Ginsberg，1990）；夏尔马和克里斯曼（Sharma & Chrisman，1999）；蒋春燕、赵曙明（2006）	创新、战略更新、风险活动
科文和斯莱文（Covin & Slevin，1991）；郭惠玲（2014）	创新性、公司决策的冒险性、竞争主动性
卢普金和德斯（Lumpkin & Dess，1996）；等（Josil，2019）	创新、冒险、开创性、竞争性主动性、为员工提供自主权
扎赫拉（Zahra，1996）；索格伦等（Thorgren et al.，2012）；希维和西姆塞克（Heavy & Simsek，2013）；伯格斯和科文（Burgers & Covin，2014）；魏和玲（Wei & Ling，2015）；贝伦斯和帕泽尔特（Behrens & Patzelt，2015）	创立新企业或新业务、战略调整、创新、风险活动
杰弗里和摩根（Jeffrey & Morgan，1999）	持续再生、组织更新和开拓新业务

续表

学者	测量指标
戴维斯（Davis，2007）	创新、创业新企业、主动性、承担风险
扎赫拉等（Zahra et al.，2000）；海顿（Hayton，2005）；萨赫达里（Sakhdari，2016）	创新、本土和国际风险投资、战略更新
王安全（2001）；陈劲、朱朝晖、王安全（2003）	从单维创新测量，拓展到创新、风险、创业精神测量
苏方国（2004）	测量企业家的个性特点或动机倾向
肖建忠、易杏花（2005）	基于教育背景等人口统计变量来识别企业家
陈忠卫、郝喜玲（2008）	集体创新、分享认知、共担风险、协作进取
丁栋虹（2010）	综合效益因素、企业文化因素、创新因素、社会公共关系因素、社会服务因素
霍恩斯比等（Hornsby et al.，2008）；俞仁智等（2015）	高管支持度、工作自由度、薪酬体系、时间可获得性、组织界限
李志、曹跃群（2003）；仲为国等（2017）；李兰等（2019）	创新、积极进取、冒险、敬业奉献、合作精神

资料来源：本书整理。

蒋春燕和赵曙明（2006）通过采用提高现有产品的质量、降低现有生产成本、引进全新一代的产品等8个题项进行了测量，并用创新、风险活动和战略更新维度测量了公司企业家精神（蒋春燕、赵曙明，2010；蒋春燕，2011；陈伟，2011；王德才、赵曙明，2013；王德才、赵曙明，2014；张翔、丁栋虹，2016）。卫维平（2008）借鉴科文和斯莱文（Covin & Slevin，1991）从创新性、开创性和冒险性，继而拓展到创业性、开创性、冒险性、对学习的承诺、分享愿景和开放心智测量了企业家精神（陈卫东、卫维平，2010）。国内学者多是借鉴国外已有较为成熟的量表来测量公司企业家精神的，侧重于应用层面，而没有对测量指标的改进和创新。较为契合国内实际测量企业家精神并具有一定权威性的，是中国企业家调查系统的仲为国（2017）及李兰等（2019）主持的企业家精神调查报告中的测量指标。但在新的营商环境下，中国企业家调查系统所设计的企业家精神测量指标仍存在完善的空间。

2. 企业家精神的测量研究：宏观视角

有部分学者认为微观视角测量企业家精神仅仅是一个度量企业的指标，存在一定的主观局限性，为克服这种局限性，部分学者开始从企业家的整体状况出发，即宏观视角测量企业家精神，企业家精神的主要代理变量如下。

（1）创新精神的测量。创新是企业家精神最核心的要素，国内外对企业家精神的评估以创新作为衡量的首要标准。任何一种高水平的创新都代表着对公司内部创新实践的高投入（Wiklund & Shepherd，2005），总体创新措施侧重于在组织内进行研究和开发（R&D）的资源投入。发明的数量，虽然一定程度上衡量了熊彼特的企业家创新部分，但用专利衡量企业家精神的失败是因为不知道发明是否能够转化为成果进入市场。尽管如此，企业家精神文献经常使用专利数据或发明数量（Acs，1996；Wong et al.，2005；Trajtenberg et al.，2006；李宏彬等，2009）。主要研究者开发或采用的企业家创新精神的测量如表 2－10 所示。

表 2－10　企业家创新精神的宏观测量指标

学者	测量指标
米勒（Miller，1987，1988）	研发支出占总销售额的百分比
米勒和弗里森（Miller & Friesen，1982）；科文和斯莱文（Covin & Slevin，1989）；奥德瑞奇和费尔德曼（Audretsch & Feldman，1996）	引入新产品或服务的数量
李等（Lee et al.，2001）	研发人员数量、引入产品/服务的数量
阿克斯（Acs，1996）	每千人发明数量
黄等（Wong et al.，2005）	发明专利数量除以生产总值
李宏彬等（2009）	专利申请量
解维敏（2013）	企业研发投入强度、企业专利申请数
李占风、刘晓歌（2017）	专利授权数量、企业 R&D 经费内部支出占国内生产总值（GDP）比重
叶作义、吴文彬（2018）	企业人均专利申请数

资料来源：本书整理。

（2）创业精神的测量。自我雇佣率已被广泛用于衡量企业家精神。这种衡量的一个实际优势是有关自我雇佣的数据相对容易获得，简单并具有可用性。格莱瑟（Glaeser，2007）和麦格拉纳汉等（McGranahan，2010）采用平均公司规模或平均员工数量衡量创业精神，并认为很多小公司比大公司更具创业精神。自我雇佣率是自雇人口中自雇人员的比例，特别是这两个比率的自然对数值用于研究，可以减少横截面数据中常见的异方差性（Gujarati & Porter，2009）。张伟（Wei Zhang，2012）认为，与所有其他测量工具相比，自我雇佣率似乎是企业家精神的最佳代理变量，也许也是最具代表性的。那些自雇人士通常有自己的企业，这使他们能够抓住他们所知道的任何机会。他们当然也作出判断性决定并自行承担商业风险。自雇人数的计算方法是自雇人数人员和总就业人口数量的总和。

企业进入率和企业退出率属于动态数据测量。动态数据越来越多地被用于企业家精神文献中，因为进入和退出在企业家创业精神的测量中被认为比自雇更具动态性（Acs & Armington，2006；Mueller，2007；Acs & Mueller，2008）。动态数据是流量测量，能够在一段时间内捕获变化，并且更好地捕捉熊彼特式和柯兹纳（Schumpeterian & Kirznerian）的企业家精神，因为流量可以衡量动态企业家精神（Iversen et al.，2008）。流量测量相较于使用股票计量所有权，能更好地捕获创新和资源的重新分配。因此，动态数据捕获创新比股票测量更好，但流量测量的数据更难以获得，例如，对企业家个人或专有数据的调查。新企业的创立体现了企业家精神的动态本质（Glaeser et al.，2009）。

总体而论，由于对企业家精神的理解不同，学者们所设计的指标也不同，学者们一般是通过企业家的创业活动来间接测量企业家创业精神。关于企业家创业精神的主要宏观测量指标如表2-11所示。

表2-11 企业家创业精神的宏观测量指标

学者	测量指标
加特纳和谢恩（Gartner & Shane，1995）	人均组织的数量
格莱瑟（Glaeser，2007）；麦格拉纳汉等（McGranahan et al.，2010）	平均公司规模或平均员工数量
莎拉·洛（Sarah A. Low，2009）	职业技能和技术、流失、就业增长

续表

学者	测量指标
吉吉拉特和波特（Gujarati & Porter，2009）；戈茨和施雷斯塔（Goetz & Shrestha，2009）；张伟（Wei Zhang，2012）；萨拉斯－弗马斯等（Salas-Fumás et al.，2014）；威利斯等（Willis et al.，2020）	自我雇佣率
阿克斯和阿明顿（Acs & Armington，2006）；穆勒（Mueller，2007）；阿克斯和穆勒（Acs & Mueller，2008）；洛（Low，2009）	企业进入率、企业退出率
阿基翁与贝索洛娃（Aghion & Bessonova，2006）；福斯特等（Foster et al.，2006）	企业进入率
博斯玛等（Bosma et al.，2012）	企业变动率
莫拉迪（Moradi，2011）	企业所有权比率

资料来源：本书整理。

（3）风险承担精神或冒险精神的测量。学者们使用风险研发项目数量，追求和分配给那些风险项目的资金资源来代表一个组织冒险倾向（Miller，1983；Lee et al.，2001）。

（4）企业家精神的其他代理变量。

一是所有者收入。所有者收入是衡量自雇人士经济价值的经济指标，并作为衡量企业家成功的标志（Low，2004）。

二是人均中华老字号数量。流传至今的中华老字号企业体现了中国企业家精神的历史传承，以各地的每万人所拥有的中华老字号数量作为衡量企业家精神历史传承的量化指标（马忠新、陶一桃，2019）。

3. 国外典型的企业家精神测量指标

在企业家精神的测量指标中，国际上比较权威并常被国内外研究者所认可的指标体系如表2－12所示。在全球创业观察（GEM）中对企业家精神的主要测量指标包括：（1）18%～64%的人口都是新生企业家（积极参与新业务，这项业务尚未支付薪水或给企业家多于三个月的任何开销），或新业务的所有者—经理（拥有或管理一项新业务）已支付但不超过42个月的薪水、工资。(2) 已构建的企业所有权比率。(3) 创新：具有新颖产品市场的早期企业家的百分比组合，指标基于2002~2008年的平均值。(4) 高增长预期：一个新生或新企业家预期在5年内雇佣至少20名员工。(5) 高增长的成熟公司：企业家已雇佣20名或更多员工。

表2-12　国外典型的企业家精神指标

数据库/目录（年份）	概念方法	测量层面	指标	聚焦：新创立企业还是现有企业	合并或非合并公司
全球企业家精神监测（1999~2009）	熊彼特式的(Schumpeterian)，柯兹纳式的(Kirznerian)	大多数的个人、较少的公司层面	(1) 新生企业家 (2) 已建立的企业所有权比率（超过42个月的公司） (3) 高增长：预期的和已获得 (4) 创新	大多数是新创立企业	两者
EIM-企业家精神数据的国际比较分析（1972~2009）	开阔的经济学视角：熊彼特和非熊彼特企业家	个人	新和已建立的小企业所有者	大多数是现有企业	两者
世界银行组织企业家精神调查（2000~2007）	经济学：新财富创造	公司	(1) 总营业比重 (2) 新业务比重 (3) 企业进入率	大多数现有企业，新创立企业，新创立企业	合并
全球企业家精神指数（2004~2008）	全球企业家精神监测的方法扩展	个人，公司，机构	(1) 态度 (2) 活动 (3) 愿望	新创立企业，现有企业	两者
经合组织-欧盟统计局企业家精神指标项目（2004~2006）	不拘一格	个人，公司，机构	(1) 决定因素：研发、机构、文化 (2) 绩效：雇佣率和退出率、成长、就业率 (3) 影响：创造工作岗位、经济增长、减少贫困	新创立企业，现有企业	两者

资料来源：本书整理。

这一测量指标被斯托卡等（Stoica et al.，2020）借鉴使用，基于面板数据进行经验分析，数据涵盖了17年（2002～2018年）和22个欧洲国家。结果表明，初创期、机会驱动和需求驱动的三类企业家精神对整个欧洲样本的国家经济增长影响更大。发现机会驱动的企业家精神和早期创业精神将会刺激整个欧洲国家的经济增长，其估计结果还显示，机会驱动的企业家精神将对转型国家的经济增长产生更大的影响，而由需求驱动的企业家精神将在创新驱动的国家中产生更大的影响。米德曼等（Middermann et al.，2020）采用GEM指标测量可持续企业家精神，而GEM APS数据集有助于确定决定因素和各种形式的企业家精神活动，并且在之前的研究中经常被用来研究可持续的企业家精神。

佐尔坦等（Zoltan et al.，2018）在GEM（2009）的基础上更新创建了“全球企业家精神指数”，采用企业家态度、企业家能力和企业家愿景来测量。其中，企业家态度用机会感知、创业技能、风险承担、网络和文化支持五个子变量测量；企业家能力则用机会创业、技术吸收、人力资本和竞争来衡量；企业家愿景使用产品创新、流程创新、高增长、国际化与风险投资进行度量。马可特（Marcotte，2013）通过对国家层面的企业家精神测量文献梳理归纳如表2-12所示。（1）新公司的企业家精神（新创企业）：GEM-TEA；世界银行—新业务密度和企业进入率。（2）现有公司的企业家精神（企业所有权）：EIM COMPENDIA—企业所有权率；GEM—建立企业所有权率；世界银行—业务密度。（3）创新：GEM-TEA创新（小企业创新）；OECD-BERD/GDP（大企业创新）。（4）成长：GEM-TEA高增长；GEM-TEA成熟企业高增长。（5）GEINDEX（全球企业家精神指数）：态度、活动和愿望。

OECD（2017）研究认识到，任何单一指标都不能充分涵盖企业家精神，因此制定了一套措施，每个措施都包含不同方面的企业家精神，其中，采用企业家教育和是否是接受过高等教育的移民，来衡量企业家精神中的创业能力。OECD（2017）将企业家精神指标的概念框架确定为六类决定因素：（1）监管框架；（2）市场条件；（3）获得财务；（4）知识的创造和扩散；（5）创业能力；（6）创业文化。其中在知识的创造和扩散的指标中，关于R&D活动的衡量指标主要有：R&D业务支出、R&D国内总支出、专利授予等。衡量创业能力的指标为企业家教育和是否是接受过高等教育的移民。虽然这些指标涵盖了影响企业家精神的许多关键因素，但是指标的选择反映了当前数据的可用性，这意味着可能因为没有找到国际数据来源而丢失重要指标。

2.1.4　企业家精神研究的述评与小结

根据国内外学者的成果来看，什么是企业家精神？学者之间并没有就企业家精神的确切含义达成一致意见。在各种定义中，企业家精神主要有四种不同的核心构成要素：（1）创新；（2）创业；（3）机会识别；（4）承担未知风险：风险承担精神或冒险精神。

企业家精神的复杂性使其无法捕捉到全部内容，因此，本书梳理了其他学者们对企业精神研究的多方面内容，继承了熊彼特（Schumpeter，1934）、柯维纳（Krizner，1973）和莎拉·劳（Sarah A. Low，2009）的思想，给出了企业家精神的建议性定义：企业家精神是企业家所具备的能力与精神的高度概括，是企业家根据所处的发展环境，在对企业内外部信息甄别中及时发现商业机会的能力，充分利用所拥有的资源，实施创新的精神，在企业内部具有创业精神，具备冒险精神、坚守精神和责任担当精神。本书在该定义中，一是突出了企业家在所处环境中对信息甄别的重要性，通过辨别信息，找出市场机会；二是除了包含企业家的创业精神、创新精神和冒险精神，也增加了企业家的坚守精神和企业家担当责任的精神。创新精神是新时代企业家精神的核心，创业精神是新时代企业家精神的重要表现，冒险精神或风险承担精神是新时代企业家精神的组成部分。坚守精神和企业家担当责任的精神是新时代企业家精神应有的要义，体现了企业家对企业、对社会、对国家的担当。

对企业家精神的测量，不同的学者有不同的量表，企业家精神的测量指标虽各有侧重点，但国内学者的量表是在国外研究的基础上进行的拓展，且部分研究者的量表之间存在着相似之处。在实证研究中，本书无法对上述企业家精神所涉及的所有理论内涵进行准确的测度，也没有采用衡量企业家精神的微观指标，而是基于研究问题的需要选取合适的量表，基于企业年度数据的实证分析。基于宏观数据的实证分析，已有研究显示宏观数据的企业家精神指标在一定程度上仍能体现微观的加总效应（李宏彬等，2009）。

本书提出了一个概念上的企业家精神定义和该定义的指标，以用于我国企业发展的研究和决策。这些指标的一个关键方面是，它们能比现有测量更好地捕捉到企业家精神的内涵。本书构建了新的识别企业家精神的创新精神及冒险精神的指标方法。它既有广度又有深度，对企业家精神研究和企业发展有益。本书的新指标代表了对当前措施的改进，虽然新的指标是不完美的，但这项研究代表了对文献的贡献，希望以此激发研究者之间关于如何衡量和评估企业家精神的概念化讨论。

2.2 管理层权力的研究现状

本书首先对国内外研究者关于管理层权力的概念研究进行了梳理，然后对管理层权力的测量研究进行了剖析与述评。

2.2.1 管理层权力的概念界定

管理层权力是一个复杂的概念，它是管理层的契约权力、剩余权力以及信息权力等的综合体。管理层权力源于伯利和米恩斯（Berle & Means，1932）的经典之作《现代公司和私有产权》，他们观察到，规模经济和技术导致权力从股东向拥有专业技能的管理层转移，出现了所有权和控制权相分离，使经理阶层实际上取得了对企业的控制权，从而创造出一种难以驾驭的组织结构。管理层权力是高层管理者的一项专属权力，由于涉及面较广，执行过程较为复杂，学者们对其定义也各有不同，定义为高管压制意见不一致的能力（March，1966；廖秋宇，2015）；高管在完成既定目标过程中克服阻力的能力（Pfeffer，1978）；管理层执行自身意愿的能力；在公司治理出现缺陷的情况下，管理层所表现出的超出其特定控制权的影响力（Finkelstein，1992）；高管在与董事会公平薪酬谈判中所拥有的讨价还价的能力（Bebchuk & Fried，2004）。

芬克尔斯坦（Finkelstein，1992）从结构权力、所有权权力、专家权力和声誉权力4个方面选取对应指标衡量管理层权力，其中：用总经理和董事长是否两职合一与薪酬数量来测量结构权力；用总经理的持股比例是否是创始人来测量所有权权力；用总经理进入本公司之前在其他单位任职及在某一领域从业的经历来衡量专家权力；用总经理的教育背景及兼任其他公司董事的多少来衡量声誉权力。拉·波特等（La Porta et al.，1999，2000）认为，大股东通过其在董事会以及监事会等决策和监督机构中的控制权，实施对上市公司资源的各种利益侵占，与此同时，管理层的私人利益侵占也会随之表现的更为明显。也就是说，大股东与管理层的合谋将使得管理层的权力达到最大，从而使企业的可持续发展绩效受到很大影响。高管在上市公司领导权结构中的地位也是直接影响管理层权力的重要因素。

董事长和总经理两职兼任是管理层权力型企业的一种较为直接的体现，成为衡量管理层权力大小的重要度量指标之一。管理层权力最直接的经济后果是企业的经营绩效下降甚至走向衰败（郭强，2001）。一般而言，管理层权力的表现形式可以从空间维度和时间维度上展开。在时间维度上，管理层权力最直接的体现就是高管人员长期保持其职位不变。地方政府干预和预算软约束造成企业的高管长期在位，管理层权力极大（王珺，2002；王克敏、王志超，2007）。将管理层界定为接受所有者委托，代为经营企业资产，通过支付管理劳动获取薪酬的经营管理者。

多数文献的定义既包括中高层经理人员，也包括公司董事和监事，基于权力的集中性，将研究限定在董事长、首席执行官（CEO）、总经理、副总经理等高级管理层，管理层权力则是泛指高管人员对公司治理机构（如董事会、监事会）的影响能力。管理层权力一般是在公司内部治理出现缺陷同时外部缺乏相应监督约束机制的情况下，管理层所表现出的对公司权力体系（包括决策权、监督权和执行权）的影响能力（卢锐，2008），从空间维度上看，管理层权力主要表现为管理层与大股东的关系以及管理层在企业权力结构中的支配地位（卢锐，2008；高文亮、陈镜宇，2012）。刘汉达（2016）认为，管理层权力是指企业的高管人员进行权力寻租，通过控制董事会影响并设计出符合自身利益最大化的契约权力。

2.2.2 管理层权力的测量

在对管理层权力进行测量的层面，芬克尔斯坦（Finkelstein，1992）从组织结构权力、所有权权力、专家权力和声誉权力 4 个方面选取对应指标进行衡量，此后，学术界一般参照的是芬克尔斯坦的方法。贝特朗和穆莱纳森（Bertrand & Mullainathan，2001）用总经理任期、是否存在大股东、董事会规模和董事比例来衡量管理层权力。胡和库玛（Hu & Kumar，2004）认为，管理层权力的大小与总经理是否兼任董事长、董事会独立性及股权分散的程度等指标有关，可以用是否存在大股东、大股东持股比例来度量（Combsand et al.，2007）。

卢锐等（2008）采用董事长兼总经理两职兼任、股权分散、高管长期在位 3 个单维度变量的合成指标，综合反映管理层权力变量。法伦布拉赫（Fahlenbrach，2009）采用两职合一、董事会规模、董事会独立性、机构投资者比例等指标来衡量管理层权力。权小锋等（2010）用管理层结构权力、股权制衡度、董事会规模、董事会构成、独立董事比例及薪酬委员会等的合成指标，衡量管理层权力。代彬等（2011）在高管层结构权力、高管持股、董事会规模、独立董事与上市公司工作地点一致性、是否具有高学历高职称等指标的基础上，建立管理层权力合成指标，以衡量管理层权力的大小。

况学文和陈俊（2011）及江宇博（2014）等学者也是沿用并发展了芬克尔斯坦的指标。刘美玉、王帅和南晖（2015）选取股权集中度、高管持股比例、董事会规模和两职兼任情况进行度量管理层权力。张泽南（2016）以董事长与总经理是否两职兼任、股权分散度、高管是否持股、总经理从职年限、总经理年龄、董事会规模等分项指标进行构建管理层权力变量。刘汉达（2016）借鉴已有研究的指标，选用首席执行官（CEO）是否兼任董事长、董事会规模、股权分散和内部董事比例 4 个指标衡量管理层权力的特征。沈雯婕（2017）将管理层权力细分为股权集中度、高管持股比例、董事会规模和两职兼任 4 个变量进行测度（见表 2 - 13）。

表 2－13　　管理层权力测量指标

学者	测量指标
芬克尔斯坦（Finkelstein，1992）	组织结构权力、所有权权力、专家权力、声誉权力
贝特朗和穆莱纳森（Bertrand & Mullainathan，2001）	总经理任期、是否存在大股东、董事会规模、董事比例
贝克丘克等（Bebchuk et al.，2002）	CEO 任期和服务年数、董事会独立性（外部董事比例）、CEO 是否兼任董事长、CEO 是否两年内退休、是否存在大股东
胡和库玛（Hu & Kumar，2004）；库姆斯等（Combs et al.，2007）	总经理是否兼任董事长、CEO 任期、董事会规模、董事会独立性、股权分散的程度、大股东持股比例
亚当斯等（Adams et al.，2005）	管理者是否是公司的创立者、管理者是否兼任董事长、管理者是否是公司高管中唯一的董事会成员
库姆斯等（Combs et al.，2007）	两职兼任、持股比例、高管任期
法伦布拉赫（Fahlenbrach，2009）	CEO 从业年限、两职合一、董事会规模、董事会独立性、机构投资者比例
卢锐等（2007，2008）；傅颀等（2014）；胡婷婷（2017）	董事长总经理是否两职合一、股权分散、高管长期在位
权小锋、吴世农（2010）	管理层结构权力、股权制衡度、董事会规模、董事会构成、独立董事比例、薪酬委员会
代彬等（2011）	高管层结构权力、高管持股、董事会规模、是否具有高学历高职称、高管任期等
黄婷艳（2011）	两职合一、股权分散、高管长期在位、CEO 是否为实际控制人
况学文、陈俊（2011）	管理者是否为公司高级管理人员中唯一的董事会成员、管理者是否兼任董事长
刘星、徐光伟（2012）	经理和董事长合一与否、董事人数、高管持股比例
张丽平、杨兴全（2012）	董事长与总经理是否两职合一、董事会规模、执行董事比例、总经理的任职期限
赵息、许宁宁（2013）	CEO 在董事会任职情况、董事会规模、CEO 任职时间、是否在外兼职、CEO 是否持股、机构投资者持股
景孟颖（2013）；谭庆美、景孟颖（2013）	总经理双重性、教育背景、向心性、是否持股、任期
江宇博（2014）	两职合一、独立董事比例、CEO 持股比例、实际控制权类别、CEO 受教育度、CEO 是否长期任职

续表

学者	测量指标
杨兴全等（2014）	两职合一、董事会规模、总经理任职时间、是否有高级职称、是否具有高学历、是否在外兼职、是否持股、是否股权分散
周春梅等（2014）；邵剑兵等（2015）	两职合一、董事会规模、内部董事比例、第一大股东持股比例
李豫湘、廖秋宇（2015）	两职合一、股权分散度、管理层持股比例
巩娜等（2015）	两职合一、两权分离程度、控制权比例
陈德球、步丹璐（2015）	两职合一、股权分散程度、董事会规模、独立董事比例
王浩等（2015）	两职兼任、股权分散情况、董事会人数、高管持股、高管职称、高管学历、高管兼职情况、高管任职时间
张泽南（2016）	董事长与总经理是否两职兼任、股权分散度、高管是否持股、总经理从职年限、总经理年龄、董事会规模、内部董事比例
刘汉达（2016）	CEO 是否兼任董事长、董事会规模、股权分散、内部董事比例
刘美玉等（2015）；沈雯婕（2017）	股权集中度、高管持股比例、董事会规模、两职兼任
王茂林等（2014）；白贵玉等（2018）	管理层持股比例、股权分散度、领导权结构是否两职合一、执行董事比例

资料来源：本书整理。

2.2.3 管理层权力研究的评述与小结

总结已有研究发现，学者们均是在芬克尔斯坦（Finkelstein，1992）对管理层权力定义的基础上进行的概念界定。在已有的研究基础上，根据研究的需要，本书认为，管理层权力是指企业高层管理者在职务范围以内的权力，包括决策权、执行权和监督权。该定义强调的是管理者的职位权力，不包含管理者的个人素质与风格等特征。

学者们是在芬克尔斯坦对管理层权力衡量指标的基础上，增加、减少或发展了衡量管理层权力指标的内容和形式。本书借鉴芬克尔斯坦（Finkelstein，1992）、权小锋等（2010）和代彬等（2011）选取了结构性权力、董事会规模、监事会规模 3 个指标来衡量管理层权力。

2.3　企业可持续发展绩效的研究现状

2.3.1　可持续发展绩效的概念界定

尽管国内外学者对企业可持续发展的研究非常丰富，但关于上市公司可持续发展绩效，国内外研究并不多见。凯斯纳（Kesner，1939）提出企业绩效评价，研究了美国企业经理人的薪酬与绩效评价之间的关系。可持续发展绩效是法律管制、利益相关者压力、经济机会和被管理者公司价值驱动的道德动机 4 个因素共同影响企业的生态责任（Lampe，1991；徐二明、奚艳燕 2010）。绩效评价作为一种经济管理的手段，是企业绩效管理的核心，评价的结果表明了组织战略的选择或者行动的结果（Lebas，1995）。

芮明杰（1998）将可持续发展绩效定义为：企业可持续发展并不仅是在经营上、业务上、管理上和技术上有良好的基础和一些比较优势便可，企业的可持续发展与企业的制度安排、产权选择，进而与其治理结构有相当大的关系。班萨尔和罗斯（Bansal & Roth，2000）认为，企业可持续是一种能力，是企业不损害其长远的财务绩效、社会绩效和生态绩效，而对其短期财务、社会和环境需求的反应能力。陈明坤等（2015）研究认为，可持续发展绩效是一个企业在经济、社会、生态等企业自身及相关利益主体等各个维度上的绩效，是衡量上市公司可持续发展所有驱动力的绩效指标。有关学者对可持续发展绩效的概念界定如表 2 - 14 所示。

表 2 - 14　　与可持续发展绩效相关的概念

学者	概念
兰普（Lampe，1991）	可持续发展绩效是法律管制、利益相关者压力、经济机会和被管理者公司价值驱动的道德动机四个因素共同影响企业的生态责任
约翰·埃林顿（John Ellington，1998）；韩春伟（2009）	一个健康的企业需要同时在经济绩效、社会绩效、生态绩效三个方面都有显著表现，即“三重绩效”

续表

学者	概念
班萨尔和罗斯（Bansal & Roth，2000）	企业可持续是一种能力，是企业不损害其长远的财务绩效、社会绩效和生态绩效，而对其短期财务、社会和生态需求的反应能力。企业可持续发展绩效是财务绩效、社会绩效和生态绩效的共同发展
克拉金和格拉维（Krajnc & Glavic，2005）	包含经济绩效、社会绩效和生态绩效三个方面的含义
比约恩·斯蒂格森博士等（Dr. Björn Stigson et al.，2009）	在《德国可持续发展报告》中提出可持续发展的三个层次：一是企业层次，贯彻生态效益经营理念，改善环境绩效与财务盈余，创新并履行相应的社会责任；二是政府层次，为可持续发展创造环境；三是金融层次，通过金融市场的资源配置功能来支持可持续发展
芮明杰（1998）	企业可持续发展并不仅是在经营上、业务上、管理上和技术上有良好的基础和一些比较优势，企业的可持续发展与企业的制度安排、产权选择，也与其治理结构有相当大的关系
王爱华、綦好东（2000）	根据企业可持续发展要求，建立了由生态效益、经济效益、社会效益三部分组成的企业可持续发展指标体系
温素彬（2007）	在可持续发展条件下，企业不仅是一个经济主体，而且是社会主体和生态主体。企业应坚持经济、生态、社会和谐发展的价值观，关注全体利益相关者的利益，建立基于多重价值创造的经济绩效、生态绩效和社会绩效的企业绩效评价模式
李建光（2012）	包含企业经济绩效、生态绩效和社会绩效在内的综合绩效
陈明坤等（2015）	一个企业在经济、社会、生态等企业自身及相关利益主体等各个维度上的绩效，是衡量上市公司可持续发展所具有的驱动力绩效指标
陶俊等（2017）；曾伏娥等（2018）	企业可持续发展绩效包含生态绩效、社会绩效和经济绩效三个方面

资料来源：本书整理。

2.3.2 企业可持续发展绩效的测量

国内外关于企业可持续发展绩效的研究相对较少，研究脉络如下。英国学者约翰·埃尔金顿（John Ellington）于1998年提出“三重盈余”绩效模式：经济绩效、社会绩效、生态绩效。企业社会绩效评价主要是从企业对其社会责任履行过程及履行结果的总体评价。王爱华等（2000）建立了由生态绩效、经济绩效、社会绩效所构成的企业可持续发展指标体系。南剑飞（2003）构建了由本体综合类评价指标、顾客满意度综合类评价指标和社会生态环保类评价指标所组成的企业经营业绩评价新指标体系。李健（2004）从循环经济的角度研究了企业绩效评价指标体系的构建，提出从企业经营效果、绿色效果、生产过程属性、销售和消费属性、环境效果、发展潜力等七个方面对企业的影响，并细化分析每个方面，形成一个有目标层、准则层和基础层构成的综合绩效评价体系。

克拉金和格拉维（Krajnc & Glavie，2005a）为跨国企业设计了一个包含 6 个经济指标、22 个环境指标和 10 个社会指标的综合指标，并通过七个步骤设计了可持续发展的综合指标，运用层次分析法（AHP）确定了各个具体指标的权重（Krajnc & Glavie，2005b）。2006 年 9 月，国资委颁布了《中央企业综合绩效评价实施细则》明确提出，企业综合绩效评价由 22 个财务绩效定量指标和 8 个管理定性指标组成。温素彬（2005，2010）、何元斌（2009）均以科学发展观为研究视角，从经济、生态、社会三个方面设置了企业绩效评价指标，构建了企业可持续发展绩效评价体系。韩春伟（2009）将可持续发展的企业看作是一个生态—经济—社会的动态系统。宋德润和马跃（2007）、陈仕清（2010）均探讨了以企业可持续发展为导向的绩效管理体系构建了企业共生竞合战略绩效评价体系，包括财务绩效、生态绩效和社会绩效，徐光华（2007）创造性提出了财务绩效、生态绩效和社会绩效 3 个绩效之间的共生关系。

文革（2009）实证证明了家族企业实现可持续发展，必须关注家族绩效、经营绩效、社会绩效与生态绩效等 4 个维度的绩效，且 4 个维度绩效相互影响。罗弗尔等（La Rovere et al. ，2010）采用数据包络分析建立一个包括 3 个经济指标、2 个社会指标、5 个生态指标、4 个科技创新指标的指标体系，分析电力行业的可持续发展绩效。王普查等（2014）将上市公司循环经济信息分为 7 类共 12 项，包含披露的社会责任报告、循环经济 3R 指标、无害化指标和社会效益指标等。舒利敏（2014）参考克拉克森等（Clarkson et al. ，2008）的方法，定义了包括能源使用和（或）能源效率、用水和（或）用水效率、温室气体排放等六类环境绩效指标。

陈明坤等（2015）研究认为，可持续发展绩效是一个企业在经济、社会、生态等企业自身及相关利益主体等各个维度上的绩效，是衡量上市公司可持续发展所有驱动力的绩效指标，并在研究中借用约翰·埃尔金顿的“三重底线”概念，将企业可持续发展绩效从经济绩效评价、社会绩效评价和生态绩效评价三个方面进行评价。国务院国资委财务监督与考核评价局（2016，2017，2018）均对企业绩效评价标准测算制定了22个评价指标：盈利能力状况（净资产收益率、总资产报酬率、销售利润率等）、资产质量状况（总资产周转率、流动资产周转率等）、债务风险状况（资产负债率、速冻比率等）及经营增长状况（销售增长率、总资产增长率、技术投入比率等）等，并对每个行业以“补充资料”形式提供了存货周转率、成本费用占营业收入比重、经济增加值率、税息折旧及摊销前利润（EBITDA）率等指标。

2.3.3 企业可持续发展绩效研究的评述与小结

根据已有研究成果，本书将企业可持续发展绩效的概念界定为：企业可持续发展绩效是企业在追求自身经济绩效最大化的同时，注重社会绩效和生态环境绩效，保护企业全体利益相关者的利益，促进企业的可持续发展。该定义表明，企业发展应与时俱进，企业应当突破过去固有的利润最大化观念，以追求利润最大化为企业主要目标，同时兼顾社会效益和生态效益，实现企业的多方面价值。在对企业可持续发展绩效的测量中，本书在社会绩效和生态绩效中的测量指标均受到企业年度报告、企业社会责任报告和企业可持续发展报告中披露内容的启示，在前人研究的基础上有了一定的突破。

综合国内外学术界和实务界对企业可持续发展绩效测量的研究成果得到：经济绩效主要从盈利能力、资产质量、债务风险和经济增长状况等方面进行测量；社会绩效主要从员工福利、消费者满意度、对供应商的贡献等方面度量；生态绩效则主要从企业的节约资源、减排及其他等方面来衡量。

本书借鉴了（Krajnc & Glavie，2005a）、温素彬（2010）、陈明坤等（2015）和国务院国资委财务监督与考核评价局（2016，2017，2018）对企业可持续发展绩效的做法，通过经济绩效、社会绩效和生态绩效来衡量企业的可持续发展绩效。在经济绩效中，本书衡量企业资产质量状况采用总资产周转率，衡量经济增长状况采用了销售（营业）增长率来测量。在社会绩效中，本书使用了员工工作环境、公益事业参与度、消费者权益保护等变量。生态绩效则从节约可再生和循环、温室气体及排放、毒排土壤水空气、废物产生管理及环保投入资金等变量来测量。

2.4　制度环境的研究现状

2.4.1　制度环境的概念界定

新制度经济学理论认为，制度环境是一系列用来建立生产、交换与分配关系的基本法律、法规和习俗及其实施机制的集合，制度环境通过提供一系列的行为规则界定了微观行为主体选择的空间，从而实现激励和约束经济利益主体行为的目标。显然，制度的作用在于使企业家能够比较准确地预测行为选择的成本和收益，帮助企业家做出理性的选择。制度环境是企业成长的土壤和发育的源泉，也是影响企业家精神能否发扬、企业家对管理层权力的正确运用与否等的重要因素。制度环境包括宏观环境和微观环境，如经济制度环境、区域环境、行业环境和内部治理环境等。

经济领域规则的变化将影响到企业家的努力到底是采取生产的还是寻租的形式，或者采取对经济产生直接破坏作用的形式。企业家精神在生产性和非生产性与破坏性的活动上的配置，将对经济中的创新能力以及技术发明的扩散程度产生深远影响。创新和技术变革是生产性企业家精神的两个要素。生产性企业家活动的性质和强度是由当前经济环境，以及提供给各种不同企业家活动的报酬的相对大小决定的。企业家趋于将其才能投向能为他们带来由财富、权力和威望混合的最大回报的系列活动上。改变制度规则，消除那些不合意的制度性影响，而增强那些能够在有利方向上发挥企业家精神作用的制度性影响，改进企业家精神配置的规则与政策（Baumol，1990）。

史蒂文森和斯莫尔（Stevenson & Smol，2002）认为，制度是一种社会博弈的规制，完善的制度代表规范自由的市场、清晰的产权保护和清廉的政府，能够为创业活动创造公平有利的环境（田国强、陈旭东，2018）。制度环境对转型经济下的公司企业家精神具有重要影响（Ahlstrom & Bruton，2004；Welter & Smallbone，2006）。索贝尔（Sobel，2008）研究了不同国家的制度质量衡量标准与生产和生产水平之间的关系，发现更好的制度框架（更安全的产权制度，更加平衡和公平的司法制度，更强的合同执行等）促进生产性创业（更高的风险资本投资，更高的专利率，更快的独资经营增长率，以及更高的企业出生率）和减少非生产性的企业家精神（游说活动和法律质量/诉讼）。作为游戏规则的制度约束或促进某些类型的行为和社会中的参与者，企业家或组织之间的互动（Hira，2000）。

制度对企业行为影响的研究已经在企业家精神与制度经济学学科内引起了广泛关注（Puffer et al.，2010；Gohmann，2012；Boudreaux，2014）。（Urbano & Alvarez，2013）则认为，好的制度环境既有利于创业者公平获取资源，也可以约束创业者的行动，引导创新性的创业活动。巴里·本德尔（Bari L. Bendell，2014）研究认为，企业家创新的相对优势有，能够减少政府监管、产生更大的环境效益和影响。对于政府监管，主要是监管公司活动，如遵守政府法规、法律和要求。环境友好性主要包括产品被认为对环境造成最小或无害的程度，及对环境的负面影响将大大降低。这种无效的一个主要原因是关联企业在政策制定和执行中的破坏性作用，通过任人唯亲主义和他们的政治寻租行为来处理（Arshed et al.，2014）。

苏等（Su et al.，2015）实证证明了，更多的政治网络与企业中较低的企业家精神导向水平相关。一个国家普遍的任人唯亲会增加对该国非生产性企业家努力的回报，例如经济寻租、寻求政治寻租和其他腐败行为，因此，一个国家任人唯亲的程度与该国非生产性企业家精神的水平存在正相关关系，并会减少生产性企业家精神（Sohrab Soleimanof，2016）。

企业家和其所处环境的一种关系是企业家的激励与约束（王郡，2001）。企业家约束机制缺位不利于企业家的健康成长（李军，1997）。对于企业家约束机制，美国、德国、法国、日本等市场经济发达的国家，对企业家具有较强和较完备的约束制度和机制（吴文洁，2002）。高新区总体制度环境都是有利于公司企业家精神培育的，但公司企业家精神制度环境和认知维度在地区间存在显著的差异，规制和规范维度在地区间没有显著的差异，各高新区制度环境在规制、认知和规范维度上也有差异（蒋春燕、赵曙明，2010）。创业制度对公司企业家精神有很好的促进作用：创业认知对公司企业家精神的促进作用最大，创业规范其次，影响最小的是创业规制（王德才、赵曙明，2013）。

2.4.2　制度环境的测量

吴文洁（2002）对制度环境主要从所有权、经营权、利益相关者、市场和法律等五大方面，共23个指标，分别赋予相应的数值进行测量。例如，经营权变量，由经营权任免、董事长兼授权程度、过程监控等指标组成；市场变量，企业家市场强赋值为5，企业家市场较强赋值3，弱则赋值1。邵传林（2015）分别采用《中国市场化指数（2011）》中的中介组织发育与法律指数、市场中介组织的发育指数、对生产者合法权益保护指数、知识产权保护指数和消费者权益保护指数来测量地区制度环境。何轩等（2016）通过设计标准化的“2008年经营环境指数—2006年经营环境指数”作为指数变化变量，衡量制度变迁速度。龙海军（2017）选取《中国分省企业经营环境指数2013年报告》中的“政府行政管理指数”和“企业经营法制环境指数”作为政治法律制度环境测度指标。有关制度环境的测量如表2-15所示。

表2-15　　制度环境的测量研究

学者	测量指标
吴文洁（2002）	所有权、经营权、利益相关者、市场、法律
冯兴元、夏业良（2008）	资本自由度指标
蒋春燕、赵曙明（2010）	规制维度、认知维度、规范维度
张捷（2010）	政府补助
陈长江、高波（2012）	资本自由度指标、市场化指数、非国有经济投资在总投资中比重
王德才、赵曙明（2013）	创业规制、创业认知、创业规范

续表

学者	测量指标
邵传林（2015）	中介组织发育与法律指数、市场中介组织的发育指数、对生产者合法权益保护指数、知识产权保护指数、消费者权益保护指数
何轩（2016）	2008 年经营环境指数—2006 年经营环境指数
韩磊、王西（2017）	法律制度效率、知识产权保护、金融业的竞争、外部制度变量（市场化进程、政府市场关系、非国有经济）
龙海军（2017）	政府行政管理指数、企业经营法制环境指数
刘宇璟（2017）	借鉴李和阿图阿赫纳吉马（Li & Atuahene-Gima，2001），采用不正当竞争和制度支持共 8 个条目测量
丁维国（2018）	区域环境借鉴樊刚等（2011）编制的中国市场化指数，行业环境采用苏中峰等（2006）的方法，内部治理环境采用虚拟变量
叶文平等（2018）	借鉴世界银行的《全球治理指标》：政府效率、监管质量、法制水平等指标

资料来源：本书整理。

2.4.3 制度环境研究的述评与小结

目前已有的研究表明，制度环境的重要性在研究和企业实践中日益增加，国内外学者已对其概念进行了界定，并采用一系列指标进行测量，特别是国内学者近年来对制度环境的研究较多，除了借鉴国外学者的量表外，也在结合国内环境进行衡量，已有的这些研究成果对本书具有一定的参考和启发价值。同时发现，现有学者主要研究公司企业家精神与制度环境之间直接的关系，实际上，制度环境对企业家精神与企业可持续发展绩效之间可能是一种调节的机制。但是，相关的研究还相当匮乏，即鲜有研究涉及制度环境在管理层权力与企业可持续发展绩效之间可能发生的调节作用。

有鉴于此，本书尝试着确定研究内容，并构建理论研究模型与研究假设，将该领域的研究向前推进，以丰富该领域的研究成果。

第3章　理论基础与研究假设

3.1　理论基础

本书曾尝试用一个统一的理论来解释所研究的问题，然而，实际难以找到一个这样的理论能够把所研究的问题解释清楚。根据研究的实际需要，本书将选用以下理论作为研究的理论基础。

3.1.1　企业家精神理论

本书选用了熊彼特的企业家精神理论和鲍莫尔的企业家精神理论作为企业家精神的理论基础。

1. 熊彼特的企业家精神理论

熊彼特在《经济发展理论》（1911）中对企业家精神理论所做出的贡献是：他提出了多类企业家精神，强调的是决定企业家行为的报酬因素，企业家创新的回报会逐渐被竞争所削减，其理论分析对于政策具有相当的重要性。熊彼特认为，对一个关注经济增长的社会而言，要想提高生产力和产量，关键在于以恰当的回报形式对生产性企业家给予鼓励。他还认为，企业家精神包括：建立私人王国、征服的热情、创造的喜悦和坚强的意志。企业家精神的本质在于创新，并能不断地运用新的思想、新的产品、新的技术、新的工作制度和新的工作方法代替原有做法，使企业在激烈的竞争中保持不败。企业家通过利用一种新发明或者一种新技术，来生产新产品或者用新方法生产老产品；通过开辟原材料供应新来源或产品的新市场等方式，促进企业的可持续发展。

2. 鲍莫尔的企业家精神理论

企业家这一生产要素意在生产性和非生产性行为之间的配置，要制定与企业家才能有关的合理政策，关键在于要找到那些可以阻止或防止企业家才能被用于非生产性用途的各种措施，激励人们更好地运用“企业家资源”。鲍莫尔（1990）认为，（1）那些决定着各类企业家行为的相对报酬的游戏规则，在不同的时间和地点上存在着巨大的变化。（2）根据不同经济体之间游戏规则的变化，企业家精神也相应改变自己的配置方向。也就是说，一个经济体中游戏规则（它决定着不同类型的行为在财富、权力和声望方面所得到的回报）的明显变化会导致企业家改变其努力的方向。经济领域规则的变化将影响到企业家的努力到底是采取生产的还是寻租的形式，或者（像有时所发生的那样）采取对经济产生直接破坏作为的形式。因此，应该制定各种措施，使得企业家精神用于生产性方向。（3）企业家精神在生产性和非生产性活动上的配置，将对经济中的创新能力以及技术发明的扩散程度产生深远影响，尽管这不是唯一相关的影响。企业家与资源配置过程还存在一个双向关系，企业家是资源的配置者。另外，企业家精神本身又必须被视为生产过程的一种投入品，它可能对经济的总体产出规模或其增长做出贡献。作为投入品的企业家精神和任何其他投入品一样，可以根据不同用途的相对回报预期的变化而从一种用途转移到另一种用途上。当企业家意识到由于非均衡状态而存在套利机会时，它就会影响资源的配置。反过来，为了更好地追逐利润，企业家精神也会在不同经济和不同活动方式之间被重新配置。那些影响到企业家精神更多或更少的生产性活动报酬的变化，同样会诱致向非生产性这类企业家精神的重新配置。

3.1.2 委托代理理论

作为委托代理理论研究的萌芽，伯利和米恩斯（Berle & Means，1932）

在《现代公司与私有财产》著作中关注了股东与职业经理人在公司股权较为分散时的委托代理问题。委托代理理论是建立在两个基本假设之上的：一是交易双方均具有追求自身利益最大化的天然属性；二是委托人不易观察到代理人的行为，交易双方之间存在信息不对称问题。斯宾赛和泽克豪森（Spence & Zeckhauser，1971）认为，正是由于委托人与代理人之间存在种种问题，导致了委托代理关系中“道德风险”的产生。詹森和麦克林（Jensen & Mecking，1976）认为，在所设计的契约中，委托人与代理人均可由一个或多个行为主体构成，代理人遵照委托人意愿按照双方事先签订的合约为其提供服务并得到相应的报酬。

委托代理理论认为，企业应建立一套既能够有效地约束代理人的行为，又能激励代理人按委托人的目标努力工作，大大降低代理成本，实现委托人与代理人之间双方利益“帕累托最优”的机制或制度安排，即激励与约束机制。在委托代理关系中，委托人和代理人都期望以最小的成本获取最大的收益，因此可能会存在概率较大的利益摩擦。由于委托人权力下放，不直接参与企业具体的经营管理，无法及时发现代理人可能存在的懈怠偷懒、利益侵占及权力“寻租”等利己行为，股东权益和公司价值最终受到损害。因此，委托代理理论的实质在于，信息非对称条件下，如何有效地激励代理人、降低代理成本和实现企业价值的最大化。

3.1.3　管理层权力理论

贝布丘克等（Bebchuk et al.，2004）通过一系列系统性思考与分析，提出了管理层权力理论（Managerial Power Theory）。该理论认为，高管可以“绕过”董事会的监管，通过其拥有的权力影响和控制自身薪酬的制定，权力越大，自定薪酬的痕迹越浓，攫取私利的动机越强，整体薪酬水平越高，公司所负担的代理成本也越大。董事会与管理层在权力博弈中可能并非占据有利的地位，其谈判也并非总是有效的。

由于个人利益诉求及公司内部治理的不完善，董事与股东之间很可能存在代理问题，致使其不能真正代表股东的利益，相对弱化了对管理层的约束监管；董事的职责不仅包括对高管的监督，还包括对管理层决策的执行与具体工作的支出，基于精力、时间、成本、利益关系和团队协作的考虑，董事可能会主动选择避免与管理层的冲突，放松对管理层的监管；即使董事可以放弃私利，行使股东赋予的监督权，但由于信息的不对称和监督所需的额外成本，也很难持久有效地行使监督权力。管理层权力理论指出，股东不能充分有效地行使权力，纵容了管理层权力进一步滋生高管的寻租行为，所做出的经营管理决策导致企业的利润锐减、经营收缩甚至失败的负面效果，不利于企业的可持续发展绩效的提升。

3.1.4 企业生命周期理论

国外对企业生命周期这一概念的提出始于20世纪50年代。梅森·海尔（Mason Haire，1959）采用生物学的方法拟合出企业的生命周期，指出企业在发展过程会出现停滞和消亡等现象，产生这一现象的根本原因是管理上的缺陷和不足（朱芳影等，2013）。此后，学者们对生命周期理论有了更加深入和系统的研究，其典型的代表人物加德纳（Gardner，1965）认为，企业生命周期的特殊性主要表现在三个方面：企业的发展时间具有不确定性；企业的发展过程中可能会出现一个变化不明显的停滞阶段；企业完全可以通过变革实现重生，进而开始一个新的生命周期，避免消亡（宋常、刘司慧，2011）。

丘吉尔和刘易斯（Churchill & Lewis）在1983年提出了企业生命周期的五个阶段：创业期、生存期、发展期、成长期和成熟期，并从企业规模和管理因素描述企业在各个发展阶段的特征。随着理论研究的推进，李业（2000）指出企业生命的各阶段均应以企业生命过程中的不同状态来界定，并将企业生命周期依次划分为孕育期、初生期、发展期、成熟期和衰退期。在影响企业生命周期因素中，西方理论界在罗伯特·索洛（Rober Solow）增长理论的基础上提出了“索洛剩余”，同时指出“索洛剩余”导致了企业生命周期的波动。参考“索洛剩余”概念和劳动生产率模型，研究者发现消费支出、投资增加及技术进步的联合作用是影响企业生命周期波动的主要因素。

企业生命周期理论认为，企业处在不同的生命周期阶段，具有不同的特征，及关键的影响因素。在孕育期或创业期，企业必须有很强的创新精神；在生存期或初生期，企业虽然已经初步建立了市场地位，仍然需要强调创新以保持企业的持续成长；在发展期，企业应强调规范运作，发挥管理的效益，缺乏规范运作会造成管理失控；在成熟期，企业创新的降低会使企业走向衰退，缺乏团队精神会使企业产生离心力，企业应强调持续创新与团队精神；在衰退期，企业丧失了创新，缺乏了进一步成长的动力。

3.1.5 可持续发展理论

布伦特兰夫人在1987年发布的《我们共同的未来》报告中所确定的可持续发展，成为目前所最广泛采用的定义：(1) 从经济学角度定义可持续发展。可持续发展的核心是经济发展，经济发展是在不降低环境质量和不破坏生态平衡的基础上的发展。(2) 从环境角度定义可持续发展。人类对自然资源的开发利用不能无节制，应顺应自然资源的成长过程，平衡自然与人类开发利用之间的关系。(3) 从社会角度定义可持续发展。

可持续发展理论所体现出的五个方面思想如下：一是可持续发展并不是要停止或遏制经济的发展，只是在经济发展的过程中，既要注重数量，也要注重质量，提高资源使用效率，减少单位产出资源消耗率。二是经济发展应时刻保持在资源与环境的容许度内，不做侵害子孙后代发展能力的事情，节约资源，提高资源的再生效率及加速资源替代品的开发速率。三是人类消耗资源经济发展的目的，是为了改善人类的生活环境和提高生活质量。当经济发展影响到自然环境从而威胁到人类的健康、文化和物质时，就失去了其原本的意义。四是可持续发展理论承认环境与其他资本一样，具有价值，应该将其纳入国民经济和社会发展的核算体系中去，对环境的投入和产出进行计量。五是可持续发展应当同时考虑到经济、社会和生态环境三个方面的需求，做到公众参与，综合决策。经济发展既要满足人类生存和发展的需要，又不能超出现有环境及资源的承载能力，做到环境与经济的和谐共存。可持续发展反映了经济、社会、生态之间的平衡协调和利益关系。可持续发展理论是构建可持续发展绩效指标体系的基础。

3.1.6 利益相关者理论

斯坦福研究所（SRI）在1963年的一份内部备忘录中首次提出了“利益相关者”一词，到了20世纪70年代，利益相关者理论在西方国家逐步发展起来。利益相关者理论认为，企业是由一组包括股东、债权人、管理者、员工、供应商、客户、政府等利益相关者之间的一系列多边契约，各利益相关者以自身所拥有的人力资本或非人力资本之间的合作来应对外部不确定性环境所带来的风险，从而形成了一个利益共同体。

利益相关者理论的核心思想是：任何一个企业都有许多利益相关者，他们都对企业进行了专用性投资并承担由此带来的风险，企业必须考虑其所有的利益相关者的需求并尽可能地满足他们的需求，有效地平衡各利益相关者的利益，企业才能长期稳定地可持续发展。

3.1.7 三重绩效理论

“三重绩效”理论认为，企业不能只注重其自身经济价值的增加，同时还要关注增加或破坏的社会和生态价值，并关注其利益相关者的不同需求，研究企业绩效应该从传统的经济层面推广到社会和环境层面。因此，企业要实现可持续发展，必须以利益相关者的需求为导向，追求经济绩效、环境绩效和社会绩效的协调发展。

3.1.8 资源基础理论

彭罗斯（Penrose，1959）最早提出了将企业视为资源组合体的观点，认为由于企业的资源产生了不同的服务，因此企业是异质的。陈明坤等（2015）认为，关注企业资源的异质性是资源基础理论的基础。沃纳菲尔特（Wernerfelt，1984）在美国《战略管理杂志》发表了“企业资源学说”一文，标志着资源基础理论的正式诞生。沃纳菲尔特提出资源基础理论的假设：企业具有不同的有形和无形的资源，这些资源可转变成独特的能力；资源在企业间是不可流动的且难以复制；这些独特的资源与能力是企业持久竞争优势的源泉。

资源基础理论的主要内容有：（1）企业竞争优势来源于特殊的异质资源，企业的异质资源是企业具有较强的获利能力的重要因素。（2）竞争优势的持续性来自资源的不可模仿性。作为竞争优势源泉的资源应当具备以下条件：有价值、稀缺、不能完全被模仿、其他资源无法替代并能够以低于价值的价格被企业获得。（3）企业获取特殊资源的主要途径是组织学习、知识管理和建立外部网络。

资源基础理论指出了一个企业的生存和发展依赖于它从外界环境获取的关键资源，比如，股东投资的资本、人力资本的供给、供应商原材料的供应等。企业只有保持和巩固与各个利益相关者之间的关系，才能维持稳定的资源供给，为企业的可持续经营发展提供支持。

3.2　研究假设

3.2.1　企业家精神对企业可持续发展绩效的影响

国内外学者考察企业家精神与企业绩效的研究主要集中探讨企业家精神对企业绩效的影响，虽有学者提出企业家精神对可持续发展同样重要的理念，但解释到企业家精神可以成为改善普遍存在的市场失灵的一种手段（Cohen & Winn，2007；Dean & McMullen，2007；Alvarez & Barney，2014）。学者们的企业家精神研究结合了可持续发展的概念（Hall et al.，2010；Thompson et al.，2011；Rajasekaran，2013；Munoz & Dimov，2015），企业家精神的创业活动一直被用来促进可持续发展。各种类型的创业均与可持续发展有关（Short et al.，2009；Pacheco Dean & Payne，2010；York & Venkataraman，2010；McMullen，2011；Dorado & Ventresca，2013）。

国外学者在对企业家精神与企业绩效关系的研究中，大多数都得出企业家精神能够提高企业的经济绩效（Peters & Waterman，1982；Ravenscraft & Scherer，1982；Miller & Friesen，1984；Covin & Slevin，1986；Franko，1989）。尼克·伦霍尔（Lengnick Hall，1992）认为，具备企业家精神的企业对新产品和新技术往往具有前瞻性，能获得较高的企业绩效。彼得拉夫（Peteraf，1992）则认为，企业家精神能够改善企业绩效主要是因为企业家不断地创新，通过不断的产品创新和技术革新来获取竞争优势。戴斯和米勒（Dess & Miller，1993）认为，具有企业家精神的企业对市场通常具备敏锐的洞察力和快速的反应能力，从而促进企业绩效的提高。

扎赫拉和科文（Zahra & Covin，1995）认为企业家精神与企业财务绩效之间存在强正相关关系，而且企业家精神对于企业绩效的影响存在一到两年的滞后性，企业家精神对企业资产收益率和收入增长存在正向作用，在不利的产业竞争环境下，企业家精神程度越高，企业的资产收益率与收入增长就越快（Zahra & Garvis，2000）。企业家精神对企业绩效具有正向影响（Lumpkin & Dess，1996；Morris & Sexton，1996）。安东奇和希里奇（Antoncic & Hisrich，2001）以斯洛文尼亚大型企业和中小型企业为研究对象，证实了企业家精神对企业绩效产生的正向影响，企业家精神中的风险承担与企业业绩显著相关（Justin L. Davis，2007）。研究认为，企业可持续性管理是可持续发展的必要组成部分，他将知识管理和风险管理计划作为实现企业风险管理和利益相关者期望的两个核心支柱，尝试构建了企业可持续管理框架的战略实施方案模型（Fong-Woon Lai，2012）。

阿米尼和比安斯托克（Amini & Bienstock，2014）建立了企业可持续发展的框架，定义了可持续发展，并在研究中发现，企业家的创新精神与可持续发展之间存在潜在的协同作用。纳斯塔（Nastja，2015）研究得出，领导力为创新过程创造有利的支持环境，领导力会进行人力资本投资，人力资本会导致创新，对企业的可持续性产生显著的正向影响。尼哈卡娅（Nihat KAYA，2015）研究认为，公司企业家精神及其差异化对中小企业绩效产生积极影响。阿米尔·拉达里（Amir Rahdari，2016）研究认为，企业家精神是企业可持续发展的动力，并构建了一系列图标解释说明了可持续发展的实现方式。国内学者的相关研究如下：

旷锦云和程启智（2010）理论分析认为：企业家精神关系到企业的生死存亡，关系到企业的可持续发展，企业家精神能够持续地增强企业的核心竞争力、创新力和控制力，企业家精神与企业可持续发展关系密切，是企业生存和发展之本，是企业之魂。创新精神是企业家精神的精髓，是市场竞争的内在需要，是企业可持续发展的重要保证。

处于互联网时代的企业家面临的环境及从事的企业经营管理活动更是充满着不确定性，因此在各种机遇和风险存在的时代里，企业家需要具有风险承担精神。我国学者通过实证研究证实企业家精神或公司企业家精神均与公司绩效存在正相关关系（王安全，2001；陈劲松等2003；肖建忠、易杏花，2004；靳卫东等，2008；陈忠卫、郝喜玲，2008；蒋春燕、赵曙明，2010；陈伟，2011），企业家精神能够在一定程度上促进企业竞争优势，提高企业绩效。崔凯（2007）结合调查问卷和企业财务绩效数据，实证得到中国企业家精神与财务绩效存在强正相关性。

卫维平（2008）通过对中国制造业、服务业和信息产业等112家样本企业的问卷调查，建立结构方程模型，研究证实了学者们所讨论的企业家精神对企业绩效有正向影响关系的结论（陈卫东、卫维平，2010）。蒋春燕和赵曙明（2010）研究发现，高新区总体制度环境都是有利于公司企业家精神培育的。王进敏（2012）研究发现，在高新技术企业中，企业家精神及其三个维度：创新性、冒险性、开创性，均对企业绩效有显著的正相关关系，企业家精神的培养和提高有助于企业绩效的有效提高。陈红涛（2013）认为，具有创新精神的企业在获取体现客户忠诚度的市场声誉方面具有一定优势，从而能够借助这种优势较快地检测到市场变化并迅速做出反应、识别和获取刚刚显现出的市场机遇，并实证得出，企业家创新活动与风险活动对组织绩效具有显著的正向影响。

王德才和赵曙明（2013）研究结果表明，创业制度对公司企业家精神有很好的促进作用。冯思宁（2014）研究得出团队创新、分享认知、协作进取、风险承担、超前行动等企业家精神与企业成长绩效存在正相关关系。企业家的创新精神对财务绩效有着积极效应，冒险精神对市场绩效的作用显著，企业家精神能够提升企业的经营绩效（李魏、丁超，2016）。从企业生命周期的角度研究企业家精神对企业发展的影响。姚凯（2007）研究认为，从企业角度来看，企业是否具有持续的投资能力和技术创新能力，是决定企业经营周期乃至企业生命周期的关键因素，具体表现为：企业的投融资能力与管理决策能力、企业规模、管理者和员工的素质、企业创新激励体系等。

李颂（2017）基于追赶情境研究了企业家精神对企业可持续发展的影响，他认为，技术追赶中企业家精神的主动性和冒险性推动了企业的技术学习；市场追赶中企业家精神的冒险性和"有胆识"集中体现为主动引领用户和市场态度；在技术和市场两个方面的积极追赶下，使得企业对于企业发展空间持有积极的信念，实现了企业的可持续发展。贺凌飞（2018）采用长江实业和万达集团两个案例与实证分析的方法研究得出，在影响企业可持续发展的因素中，企业家精神因素影响权重较大不可忽视；企业家精神为企业可持续发展提供动力，企业的可持续发展也有助于企业家精神的留存。

企业处于不同的生命周期阶段，企业家所具备的精神也不尽相同。企业在初创期和成熟期，特别需要企业家的创新精神；发展期则更注重对现有资源的运用、整合和管理能力。企业家精神在改变企业生命周期的时间和幅度上发挥着显著作用，进而影响企业发展的可持续性。尽管大多数研究者均认为企业家精神有利于提高企业绩效，然而，郭惠玲（2014）实证发现，不同维度的公司企业家精神对企业绩效并非具有一致的影响：创新正向影响企业绩效，冒险则呈负向影响。

熊彼特的企业家精神理论认为，企业家精神的发挥能够使企业在激烈的竞争中保持不败。资源基础理论认为，企业的竞争优势来源于特殊的异质资源。根据可持续发展理论，可持续发展反映了经济、社会和生态之间平衡、协调的利益关系，需要均衡发展。"三重绩效"理论认为，企业不能只注重其经济价值的增加，同时还要关注增加或破坏的社会和生态价值，并关注其利益相关者的不同需求，研究企业绩效应该从传统的经济层面推广到社会和环境层面。

本书认为，企业家精神是一个企业所具有的异质性资源，这种资源具有稀缺、不可被模仿、其他资源无法替代等特征与价值，一个企业的企业家精神越多，该企业的竞争力相对就会越强。经济、社会和生态的发展需要依托企业才能实现。在企业层次，既要改善企业的经济或财务绩效，又要贯彻生态效益经营理念，注重生态绩效，创新并履行相应的社会责任，实现社会绩效。在当今竞争更加激烈的互联网时代，企业家精神依然是企业的稀缺资源，具有不易模仿和不可替代性，是企业的核心竞争力，有利于打造企业的竞争优势，如果对企业家精神加以引导和鼓励，企业家精神会更有利于推动企业的持续成长，使企业家精神对企业可持续发展绩效产生积极的影响，并且企业家的创业精神、创新精神和冒险精神对企业的经济绩效、社会绩效与生态绩效分别会产生不同的影响。

企业家精神的本质在于创新，企业家通过新发明、新产品、新技术等方式，使企业在激烈的竞争中制胜，所以，企业家创新精神会促进企业可持续发展绩效的增加。企业家愿意创业，其主要目标是为了创造利润，可能只会注重提高企业的经济绩效，而不会很重视社会绩效及生态绩效。特别是民营企业，创业精神可能对社会绩效和生态绩效产生负向影响，比如造成环境污染等。企业家的冒险精神越强，意味着投资风险越大，高风险虽具有高收益，但同时也会提升投资失败的概率，可能并不利于企业经济绩效的提高。但一些大型的风险投资项目反而会给当地做出贡献，比如，加大参与公益事业的力度，加大环保资金的投入，都会在一定程度上创造社会绩效和生态绩效。综上所述，本书提出假设 1 及其子假设：

H_1：企业家精神对企业可持续发展绩效呈现显著的正向影响作用。

H_{1a}：企业家创业精神对企业经济绩效呈显著的正向影响作用。

H_{1b}：企业家创业精神对企业社会绩效呈显著的负向影响作用。

H_{1c}：企业家创业精神对企业生态绩效呈显著的负向影响作用。

H_{1d}：企业家创新精神对企业经济绩效呈显著的正向影响作用。

H_{1e}：企业家创新精神对企业社会绩效呈显著的正向影响作用。

H_{1f}：企业家创新精神对企业生态绩效呈显著的正向影响作用。

H_{1g}：企业家冒险精神对企业经济绩效呈显著的负向影响作用。

H_{1h}：企业家冒险精神对企业社会绩效呈显著的正向影响作用。

H_{1i}：企业家冒险精神对企业生态绩效呈显著的正向影响作用。

3.2.2 企业家拥有的管理层权力对企业可持续发展绩效的影响

伯利和米恩斯（Berle & Means，1932）研究提出，企业所有权和控制权的分离，使经理阶层实际上取得了对企业的控制权，企业高管可能利用自身优势谋取个人私利，而管理层权力则赋予他们追求自身利益的能力和机会，这种利益侵占势必会降低企业业绩。约梅克（Yenmack，1996）认为董事会规模是管理层权力的一个构成要素，并利用美国和芬兰的数据研究表明董事会规模越大，公司绩效越差。朱利安·弗兰克斯和科林·梅耶（Julian Franks & Colin Mayer，2001）通过对德国公司所有权的分析发现，董事会替换与公司业绩之间存在强关系。管理层权力最直接的经济后果是企业的经营绩效下降甚至走向衰败（郭强，2001）。高管权力的提高将可能导致公司业绩的下滑（Bebchuk et al.，2002，2003，2004，2005），同时，管理层权力的增大可能会导致企业可持续发展绩效的下降。

贝布丘克和弗里德（Bebchuk & Fried，2004）研究发现，现代企业中经营权与所有权分开，使得管理层拥有越来越大的权力，甚至通过权力寻租的方式获取高额报酬，这样的高额薪酬不会带来企业绩效的提升，反而会损害企业的绩效。当企业管理层权力较大时，甚至能够影响董事会决定，导致管理层在并购交易完成后会有一笔额外的货币收益，并且对企业的绩效发展带来不利影响（Grinstein & Hribar，2004）。詹森和墨菲（Jensen & Murphy，2004）通过上市企业数据实证研究发现，不良的企业管理机制和运行环境会给企业带来代理问题，使得企业绩效下降。雷希纳和道尔顿（Rechner & Dalton，1991）研究发现，总经理与董事长两职合一与企业的股东投资报酬率和利润边际均呈现出负相关关系。董事长与总经理两职合一，会削弱董事会的监督作用，使总经理追逐自身利用价值，从而对企业绩效产生负面影响（Ibrahim et al.，2008）。

董事会应履行对CEO决策的监督和约束职责，当董事会规模过大时，会存在很难达成一致性意见的现象、放松对CEO的监督，从而强化了CEO的权力，加大了企业的经营风险，使得企业业绩的波动性增大（Cheng，2008）。权力较大的CEO会进行权力寻租，其寻租行为与企业所处环境的不确定性存在显著的正相关关系，与企业绩效呈现出负相关关系（Morse et al.，2011）。景孟颖（2013）研究结果表明，A+H上市公司管理层综合权力与公司绩效呈显著负相关。管理层权力越大，越有可能为获取自身利益而轻视企业利益，容易执行一些不合理的多元化经营战略，不利于企业成长（杨萍，2014）。

在国有企业中，高管只是被动的实施者，其管理层权力对企业的并购活动影响甚微；在高管由家族成员担任的民营控股公司中，管理层虽然权力很大，但因高管兼具股东的双重身份而更看重企业的长期稳定和持续发展，利用权力通过并购行为谋取私利的动机较小，其并购的目的更倾向于获取长期绩效的改善；在高管由职业经理人担任的民营控股公司中，管理层的并购动机可能是利用管理层权力谋取私人收益（傅颀等，2014）。郭丽娜（2015）认为，管理层权力越高，越会促使高管利用职权攫取利益，从而产生更大的薪酬差距。在管理层权力的影响下，较大的薪酬差距并未使企业绩效变得更好。胡婷婷（2017）研究认为，在缺乏外部监督时，高管人员利用管理层权力进行利益侵占并不一定会带来相应的企业绩效的提高，也就是说，当高管拥有较大的权力时，他们是通过采取这种为自己谋取私利方式的权力来提高报酬而不是通过自己的努力，这对企业绩效的提升没有好处。

然而也有学者得出与之相反的结论。罗迪斯等（Rhoades et al.，2001）认为，在董事长和总经理两职分离时，企业家结构性权力对企业绩效产生了积极影响。马跃如和段斌（2010）均认为，董事长与总经理两职合一使得总经理利用其所拥有的权力，可以有效地作出决策，及时应对市场环境的各种变化，对企业绩效具有正向影响（Donaldson & Davis，1991）。卢锐（2008）实证得出，管理层的权力比董事会更加强大时，管理层权力对于企业绩效并无影响。中国的上市公司与西方企业相比，并没有形成独立的经理人阶层，董事长与总经理两职合一是董事长权力向经营层的扩展，CEO的自主权并不大，董事长与总经理两职合一对公司成长发展无显著影响。两职分离可以使董事长与CEO专注于各自的职能履行，从而有利于促进公司的成长发展（冯根福、黄建山，2009）。

谭庆美和景孟颖（2013）实证结果表明，在不考虑内部治理机制时，管理层权力对企业绩效具有显著正向影响。江宇博（2014）在实证检验CEO权力对创业板上市企业成长性的影响中发现，CEO 与董事长两职合一有助于企业的成长发展，CEO 持股与企业成长正相关。刘美玉等（2015）采用董事长和总经理两职合一、股权制衡度和高管长期在位度量管理层权力，这项研究结果表明：董事长兼任总经理与股权分散度高的公司，业绩波动更大，这类公司的风险程度也更高；高管长期在位的公司其公司业绩波动不明显。我们将后一种现象解释为，高管在公司中的地位已稳固，其决策行为往往力求保持现状或少犯错误，把更多的注意力集中于公司的主营业务，尽可能规避那些高风险、高回报的盈利模式及业务来源，力求保持公司业绩的稳健增长。

李正卫等（2017）研究发现，企业家结构权力与企业成长性有一定的正相关性，说明结构性权力越大，企业成长性越强，即当企业家两职合一时会更有利于增强企业成长性。企业家所有者权力与企业成长性呈现显著正向影响，当企业家的所有者权力增加时，可以运用其所有者权力坚持企业使命，使得企业在做出决策时不偏离企业整体目标。尤其是对于高科技行业中的企业，这些上市企业更注重创新，但它们在追求创新时存在不确定性和复杂性，风险也较大。如果企业家身兼两职则会拥有更大的权力并作出高效率的决策，而高效率的决策是企业在创业中抢占先机的前提。当企业家所有者权力增强时，企业中的股东利益更趋于集中，有利于提高决策制定和执行的效率，以便快速争取市场并迅速且及时应对市场的变化，有利于企业可持续发展。

委托代理理论认为，委托人不直接参与企业具体的经营管理，无法及时发现代理人可能存在的利益侵占及权力寻租等利己行为，公司价值最终受到损害。管理层理论则指出，由于信息的不对称性和监督的成本问题，纵容了管理层权力进一步滋生出高层管理者的寻租行为，高管所作出的经营管理决策将导致企业的利润锐减、经营收缩甚至失败的负面效果。

尽管国内外学者没有得出一致的研究结论，都是从管理层权力与企业绩效之间的直接关系进行研究的。然而，本书尝试着认为，在迅速变化的市场环境中，企业家拥有的管理层权力能够使其较为快速地作出有效的发展决策，有利于及时应对市场的各种变化和客户的需求，有利于提高企业的可持续发展绩效。管理层权力如一把双刃剑，根据委托代理理论和管理层权力理论：如果企业家的管理层权力较大，可能会诱导企业家产生谋取私利的动机及寻租行为，占取企业的经济绩效，反而可能会损害企业的经济绩效。企业家为了扩大自身及企业的声誉，作出的企业社会责任行为，如对员工工作环境的改善与福利待遇的提高、公益事业的参与、对产品质量与服务的改进，有利于提升企业的社会绩效。在企业生产运营过程中，企业家运用手中的管理层权力作出节能减排、循环经济、加大环保投入等保护生态环境的决策，对企业的生态绩效产生有利的影响。

本书认为，两职合一的结构性权力有利于企业家及时作出决策，应对市场变化，促进企业可持续发展绩效的提升。董事会规模与监事会规模的增加有利于对管理层进行监督和约束，有助于管理层用好手中的权力作出长远的战略决策。权力越大的企业家越能从企业长远的、可持续发展的角度作出相关决策，所以管理层权力对企业可持续发展绩效会产生明显的正向影响。企业家所拥有的管理层权力有利于企业可持续发展绩效的提高，并且管理层权力会对企业的经济绩效、社会绩效和生态绩效产生不同的影响作用。结构性权力、董事会规模及监事会规模对企业可持续发展绩效也会分别产生不同的影响。因此，本书提出假设2及其子假设：

H_2：企业家所拥有的管理层权力对企业可持续发展绩效呈显著的正向影响作用。

H_{2a}：企业家的管理层权力对企业经济绩效产生显著的负向影响作用。

H_{2b}：企业家的管理层权力对企业社会绩效产生显著的正向影响作用。

H_{2c}：企业家的管理层权力对企业生态绩效产生显著的正向影响作用。

H_{2d}：结构性权力对企业可持续发展绩效产生正向影响作用。

H_{2e}：董事会规模对企业可持续发展绩效产生正向影响作用。

H_{2f}：监事会规模对企业可持续发展绩效产生正向影响作用。

3.2.3 制度环境在企业家精神和企业可持续发展绩效关系中的调节作用

随着对企业家精神研究的深入，许多学者开始关注影响企业家精神与公司绩效关系的外在因素，如制度环境。在中国转型经济时期，制度环境对企业家精神的发挥起到不可忽视的作用。新制度经济学认为，制度会激发企业家的内在动力，合理的制度安排能够激发企业家的创业活力（Coase，1990）。制度环境对企业家精神的影响极其深远，会关系到企业家创业的成败与后续经营的竞争力差异（Nelson & Winter，1982；Bygrave & Hofer，1991）。

鲍莫尔（Baumol，1993）开创性地认为企业家精神在生产性和非生产性活动之间的配置，制度结构通过改变企业家的报酬结构来影响企业家精神的配置方向，通过改变制度规则，消除那些不合意的制度性影响，增强那些能够在有利方向上发挥企业家精神作用的制度性影响，改进企业家精神配置的规则与政策。经验事实证明，在转型经济国家影响企业家精神的性质和状态的决定性因素是外部环境，特别是在那些市场化改革较慢的国家（Smallbone，2001）。基于一定的制度环境下，企业家往往表现出"交互式利他主义"（赵红军、尹伯成，2003），企业家的自利和非自利活动互相结合，可以解释企业家在现有信息、知识分布和社会约束等环境下，可能会进行持续性创新活动，也可能会出现忙于生存和逃避等行为。

制度基础观认为，制度环境及其变迁影响决定了企业如何有效地配置资源，进而影响企业的绩效水平（North，1990；Aguilera & Jackson，2003）。在各项制度因素中，法治水平对企业家精神的配置尤为重要，完善的法治更能激发企业家精神向生产性活动的配置（Acemoglu，1995；Mehlum，2003；庄子银，2007；Sanders & Weitzel，2010）。企业家精神在生产性和非生产性与破坏性的活动上的配置，将对经济中的创新能力以及技术发明的扩散程度产生深远影响（焦斌龙、冯文荣，2007）。朱等（Zhu et al.，2012）认为，外部制度环境的约束也将会影响企业的创新行为。制度改进是我国企业家阶层崛起的重要原因（陈长江、高波，2012）。

吴一平和王健（2015）认为，良好的制度环境能够培育创业精神。良好的制度环境将鼓励更多的生产性活动，而不利的制度环境则会引导企业家精神更多地配置到非生产性活动中（Sobel，2008；Bowen & Declercq，2008；邵传林，2015；Dong et al.，2015；何轩等，2016；胡永刚、石崇，2016）。制度环境会为企业家的创业与创新活动提供有利支持及可预期的行为框架（邵传林，2015；马富萍、郭晓川，2017），容易激发出企业家的创新精神。良好的制度环境为企业家的创新行为提供了最大的激励，将更多的精力、资源投入到研发创新活动中。制度既能够激发企业家活力，也能够抑制企业家精神的有效发挥，制度环境的重要性不言而喻，其主要作用之一在于减少未来的不确定性，构建政府与企业家良性互动的均衡结构（韩磊等，2017）。

刘宇璟（2017）研究认为，制度环境在创业导向与企业绩效之间起着正向调节作用。龙海军（2017）认为，企业家精神是推动区域经济发展的重要动力，政治法律环境作为企业家经营决策的一种外部强制力，对企业家创新创业活动具有重要影响。好的政治法律制度环境具有明显的制度可信性、环境可靠性和规则公平性特征，会在极大程度上推动公平交易的开展及在复杂经济活动中的合作，降低交易成本的不确定性，提升和改进企业生产效率、竞争能力与创新意识，使企业家更愿意承担风险并发扬企业家精神。

在制度环境中，政府补助作为一种机制，它和企业家精神之间存在紧密联系（Alvarez & Barney，2004；Audretsch et al.，2009；Zahra et al.，2000，2009），政府补助刺激了企业研发投入（Hamberg，1966；Scott，1984；Mansfied，1986）。索尔·拉赫（Saul Lach，2002）对以色列制造业、徐莉娅·冈萨雷斯（Xulia Gonzalez，2008）对西班牙制造业和尤伊杨（Eui Young，2010）对韩国制造业的研究，均表明政府补助对企业的研发投入具有较强的诱导和激励效应。田翠香和藏冲冲（2017）认为，政府补助是国家解决技术创新投资不足的重要制度安排：从效果看，政府补助对企业技术创新活动存在两种相互效应，即正面激励效应和挤出效应，多数研究认为政府补助刺激了企业的研发投入，产生正面激励效应，部分研究认为政府补助对企业自身的研发投入产生负向激励，企业将本来用于研发活动的资金转投至其他项目，抑制了企业的技术创新产出。

叶文平等（2018）将制度环境作为调节变量，基于全球创业观察（Global Entrepreneurship Monitor）、盖洛普世界民意调查（Gallup World Poll）、全球领导力与组织行为有效性和世界银行四大国际数据库 2012 ~ 2016 年的数据对不同国家的宏观制度环境作了研究，认为：公平完善的法制体系，一方面能避免政府过度管制，另一方面也能防止机会主义者的寻租活动；自由公平的竞争环境有利于激发创业者的企业家精神。现有文献大多都是直接探讨政府补助与企业创新之间的关系，少数学者将政府补助作为一项制度安排，起到的是调节作用（李靖，2018）。

熊彼特企业家理论认为，政策是决定企业家创新行为的报酬因素，政策对企业家精神的发挥具有重要性。鲍莫尔企业家精神理论认为，要制定与企业家才能发挥的合理政策，激励企业利用好企业家资源，使企业家精神的配置方向从非生产性活动转向生产性活动。

本书认为，制度环境作为企业发展所面临的环境，对企业家精神的发挥产生重要影响。可预期的制度环境会抑制企业家的寻租活动，促使企业家精神向生产性活动方向配置，促进企业家创业精神、创新精神和冒险精神的更大程度的发挥，释放企业的活力，有助于企业可持续发展绩效的提高，即制度环境在企业家精神与企业可持续发展绩效之间起到正向调节作用。政府补助是国家鼓励企业自主创新的一项政策，刺激企业开展更多的研发创新活动，会激励企业家精神的发挥，进而对企业可持续发展绩效产生有利的影响，因而政府补助在企业家精神与企业可持续发展绩效的关系中起到正向调节作用。鉴于此，本书提出假设 3 及其子假设：

H_3：制度环境在企业家精神与企业可持续发展绩效的关系中起正向调节作用。

H_{3a}：政府补助在企业家精神与企业可持续发展绩效的关系中起正向调节作用。

3.2.4 制度环境在管理层权力和企业可持续发展绩效关系中的调节作用

卢锐（2008）认为，管理层权力首先会受到内部股东的约束。当股东的约束失去作用的情况下，法律、市场、政府监管等外部制约因素也会开始起作用。国内学者一般将国有控股和民营控股作为我国上市公司的两种产权制度。国有控股上市公司的管理层权力更多地受到政府作为出资人对国有企业的监督制度以及上市公司内部治理机制的制约；民营控股上市公司的管理层权力则更多地依赖于法律、市场、政府监管、文化等外部治理环境的制约。陈银娥和江媛（2017）研究认为，管理层作为企业信息披露的决策者，其权力大小决定了其操纵董事会报告可读性的强弱，而公司业绩是投资者最关心的指标，也是投资者投资决策的最大指标之一，这诱使管理层操纵董事会报告，市场制度环境越差，企业管理层权力放大这种影响的动机更强。

委托代理理论的本质在于，在信息非对称的条件下，如何有效地激励代理人，实现企业价值的最大化。新制度经济学理论认为，制度环境通过提供一系列的行为规则界定了微观行为主体选择的空间，使企业家能够比较准确地预测行为选择的成本和收益，帮助企业家做出理性的选择。

由此本书延伸认为，企业家作为代理人，运用手中的管理层权力进行企业的经营管理。制度环境对管理层权力起到一定的激励或约束作用，管理层权力的发挥同样会受到制度环境的影响。制度环境所提供的准则会影响到企业家预测其决策行为的成本和收益，进而影响到企业家善用其管理层权力作出有利于企业长远发展的决策。如果企业家在所处的制度环境中利用自身所拥有的管理层权力，作出有利于提高企业可持续发展绩效的决策，那么制度环境在管理层权力与企业可持续发展绩效之间会起到积极调节的作用。政府补助这一制度环境的实施，原本是国家为了鼓励企业多创新，提高企业绩效而正面激励企业的措施。然而，管理层在运用其权力作出的资源配置决策，却可能会使政府补助起到负向的挤出效应，也就是说，企业可能会将本来用于支持研发活动的资金转投到其他项目中去，政府补助在管理层权力与企业可持续发展绩效的关系中可能起到负向的调节作用。基于此，本书提出假设4及其子假设：

H_4：制度环境在管理层权力与企业可持续发展绩效的关系中起正向调节作用。

H_{4a}：政府补助在企业家所拥有的管理层权力与企业可持续发展绩效的关系中起负向调节作用。

3.3 理论模型构建

由于企业家精神与管理层权力这两个研究变量均与企业家有关联，因而，从企业家的角度，基于研究假设构建理论模型，本书的概念研究模型如图 3 - 1 所示。

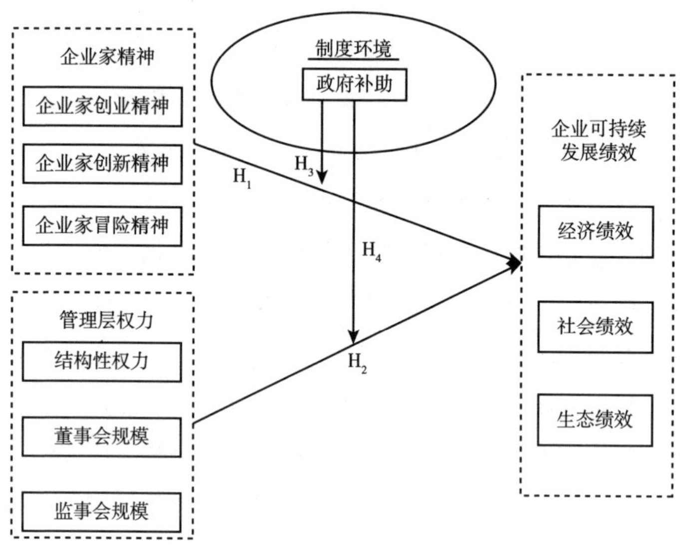

图 3 - 1　企业家精神、管理层权力与企业可持续发展绩效概念

第4章　研究设计

4.1　研究变量的测量

4.1.1　解释变量：企业家精神

本书中，企业家精神（entrepreneurship，ES）的测量量表借鉴李宏彬等（2009）及马克·特里比特等（Mark A. Tribbitt et al.，2017）开发使用的量表，该量表具有三个子维度：企业家创业精神（enterprising spirit，EPS）、企业家创新精神（innovative spirit，IS）和企业家冒险精神（adventurous spirit，AS）。企业家创业精神维度采用企业所有权比率的指标来度量，其中，

$$企业所有权比率 = \frac{企业所有者人数}{企业所有就业人数} \tag{4-1}$$

企业所有就业人数采用上市公司年度报告中的在职员工数量来测量。企业家创新精神采用专利申请授权数、科技创新奖和新立项项目三个指标来度量，其中，本书尝试新增两个测量指标：科技创新奖和新立项项目。通过观察所选样本企业在宣扬其核心竞争力的过程中，会披露技术创新优势，报告期内公司及子公司所拥有的专利申请授权数、科技创新奖和新立项项目，科技创新奖在一定程度上表明了一个企业的创新能力，新立项项目有的公司也称之为新研发项目，将其尝试加入本书之中。

有关企业家精神的冒险精神测量，本书受到米勒（Miller，1983）和李等

(Lee et al. , 2001) 的启发，尝试构建风险投资项目来衡量企业家的冒险精神，风险投资项目采用上市公司年度报告中披露的重大股权投资和非股权投资项目表示，少数企业没有重大的股权投资和非股权投资，则采用长期股权投资或重要在建工程项目来作为替代变量衡量。具体如表4－1所示。

表4－1　企业家精神测量指标

一级指标	二级指标	指标符号	三级指标
企业家精神	企业家创业精神	EPS	企业所有权比率
	企业家创新精神	IS	专利申请授权数
			科技创新奖
			新立项项目
	企业家冒险精神	AS	风险投资项目

资料来源：本书研究。

4.1.2　解释变量：管理层权力

有关管理层权力（management power，MP）的测量，本书参照芬克尔斯坦（Finkelstein，1992）、权小锋等（2010）和代彬等（2011）所开发、使用的3个指标：结构性权力（structural power，STP）、董事会规模（the size of board，SB）和监事会规模（the size of the board of supervisors，SBS）。其中，结构性权力：董事长和总经理由一人兼任，赋值1；副董事长、董事兼任总经理，赋值2；董事长与总经理完全分离，赋值3。董事会规模用董事会人数测量。

监事会规模用监事会人数测量。审计委员会，企业设置审计委员会，赋值1，不设置赋值0。具体如表4－2所示。

表4－2　管理层权力测量指标

一级指标	二级指标	指标符号	三级指标
管理层权力	结构性权力	STP	董事长与总经理两职合一
	董事会规模	SB	董事会人数
	监事会规模	SBS	监事会人数

资料来源：本书研究。

沈雯捷（2017）研究认为，在已有研究中，大多数学者都将管理层权力视为一个综合指标，探讨管理层权力与其他变量间的关系。但是，综合指标无法反映各个因素实现的具体作用，对完善公司治理的帮助不是很大。因此，本书选取结构性权力、董事会规模和监事会规模 3 个变量作为管理层权力特征变量，研究各个特征因素及其合成指标分别对企业可持续发展绩效的影响。

4.1.3　被解释变量：企业可持续发展绩效

关于企业可持续发展绩效（sustainable development performance，SDP）的测量，本书借鉴（Krajnc & Glavie，2005a）、温素彬（2010）、陈明坤等（2015）及国资委考核分配局（2016，2017，2018）对企业可持续发展绩效的做法。企业可持续发展绩效包括经济绩效（economic performance，EP）、社会绩效（social performance，SP）和生态绩效（ecological performance，EGP）。可持续发展绩效研究变量是潜变量，包括经济绩效变量、社会绩效变量和生态绩效变量。经济绩效变量由盈利能力状况、资产质量状况、债务风险状况和经营增长状况四个部分构成，盈利能力状况通过净资产收益率和总资产收益率衡量，资产质量状况由总资产周转率衡量，债务风险状况采用资产负债率和速动比率衡量，经营增长状况则采用销售（营业）增长率测量（见表 4－3）。

表 4－3　　企业可持续发展绩效测量指标

一级指标	二级指标	指标符号	三级指标
企业可持续发展绩效	经济绩效	EP	净资产收益率
			总资产收益率
			总资产周转率
			资产负债率
			速动比率
			销售（营业）增长率

续表

一级指标	二级指标	指标符号	三级指标
企业可持续发展绩效	社会绩效	SP	员工工作环境
			员工福利计划
			公益事业参与度
			消费者权益保护
			产品与服务质量安全
			供应商关系
	生态绩效	EGP	节约能源、可再生能源利用及循环经济
			温室气体及其他气体排放情况
			毒性物质排放（土壤、水、空气）
			废物的产生和管理
			环保投入资金

资料来源：本书研究。

$$净资产收益率=\frac{归属于母公司所有者的净利润}{平均归属于母公司所有者权益}\times 100\% \tag{4-2}$$

$$总资产收益率=\frac{利润总额+利息支出}{平均资产总额}\times 100\% \tag{4-3}$$

$$总资产周转率(次)=\frac{营业总收入}{平均资产总额} \tag{4-4}$$

$$资产负债率=\frac{负债总额}{资产总额}\times 100\% \tag{4-5}$$

$$速动比率=\frac{速动资产}{流动负债}\times 100\% \tag{4-6}$$

$$销售(营业)增长率=\frac{本年营业总收入增长额}{上年营业总收入}\times 100\% \tag{4-7}$$

经济绩效变量的数据，参考了国务院国资委财务监督与考核局发布的《企业绩效评价标准值2016》《企业绩效评价标准值2017》与《企业绩效评价标准值2018》中工业行业全行业的指标评价标准，该指标评价标准把各个指标分为优秀值、良好值、平均值、较低值和较差值五个层次，本书的评分标准是：指标值（1）介于优秀值取5分；（2）介于优秀值和良好值之间取4分；（3）介于良好值和平均值之间取3分；（4）介于平均值和较低值之间取2分；（5）介于较低值和较差值之间取1分；（6）介于较差值的取0分。

本书对企业发布的社会责任报告、可持续发展报告和年度报告进行评分，社会绩效变量由员工工作环境和员工福利计划、公益事业参与度、消费者权益保护、产品与服务质量和供应商关系5个指标来测量。生态绩效变量则由节约可再生和循环、温室气体及排放、毒排土壤水空气、废物产生管理及环保投入资金等5个指标来测量。这里需要指出社会绩效指标和生态绩效指标的评分标准，借鉴克拉克逊等（2008）、舒利敏（2014）和陈明坤等（2015）的研究方法，采取的评分标准是：社会绩效指标和生态绩效指标没有披露为0分，只披露定性文字的1分，若存在以下条目则对每条目加1分：（1）有具体的绩效数据；（2）绩效数据与公司以往的情况进行了比较；（3）绩效数据与目标进行了比较；（4）绩效数据同时以绝对数和相对数形式披露。

指标的评分方法参考王普查等（2014）与陈明坤等（2015）的方法，综合定量分析与定性分析进行评分，本书的评分方法如下：（1）未披露任何相关信息的0分；（2）仅定性披露相关信息1分；（3）披露定性信息并且披露定量信息2分；（4）除定量定性披露外，对本公司近几年披露情况进行对比3分；（5）除上一层及披露的信息外，对披露内信息进行行业内对比4分；（6）除上一层及披露的信息外，对披露信息进行第三方鉴证的5分。因此，社会绩效变量和生态绩效变量都需要通过评分来进一步取得，每个具体的可测变量指标得分满分为5分，最低为0分，赋值区间均在0~5。企业可持续发展绩效测量指标见表4-3。

4.1.4 调节变量：制度环境

在对制度环境（institutional enviroment，IE）的测量中，本书借鉴李靖（2018）将政府补助（government subsidy，GS）作为制度环境变量（见表4-4）。

表 4-4　　制度环境测量指标

一级指标	二级指标	指标符号
制度环境	政府补助	GS

资料来源：本书研究。

4.1.5　控制变量

本书使用地区（region，REG）和行业（industry，IND）两个控制变量。关于本书所用的控制变量及其定义如表 4-5 所示。

表 4-5　　控制变量测量指标

变量名称	变量符号	变量描述
地区	REG	东部为 1，西部为 2，中部为 0
行业	IND	依据证监会 2012 年修订的行业分类，行业代码为 A 赋值 1，为 B 赋值 2，……，依次赋值，综合类行业代码为 S 赋值 17

资料来源：本书研究。

4.2　样本数据来源

本书的样本数据来源于 Wind 数据库、国泰君安数据库、CCER 数据库、上海证券交易所网站、东方财富网、全景网、金融界网站。多数样本年度报告及部分更新后的样本年度报告均来自 Wind 数据库，企业社会责任报告及企业可持续发展报告则来自上海证券交易所网站、东方财富网站、全景网站、金融界网站。考虑到研究的需要、样本的代表性和数据的可得性，没有披露相关数据的样本予以剔除后，选取了 2016 年度 96 家样本企业、2017 年度 202 家样本企业及 2018 年度 18 家样本企业。2018 年度披露的企业年度报告较少，因此选取了 18 家企业作为研究样本，本书跨年度的最终样本为

316家上市企业。

其中，企业家精神变量2016~2018年度数据、管理层权力变量中2016~2018年度部分数据、社会绩效变量数据2016~2018年度、生态绩效变量数据2016~2018年度、经济绩效变量2018年度数据、制度环境变量的可测变量政府补助变量2016~2018年度数据均通过Wind数据库的上市公司年度报告、企业社会责任报告及企业可持续发展报告手工认真整理而成，经济绩效变量的2016年度与2017年度数据来自国泰君安数据库。管理层权力变量中2016~2017年度数据来源于CCER数据库，并对数据库的数据与上市企业披露的年度报告数据进行了抽样核对（见表4-6）。

表4-6　　样本数据来源

样本数据	数据来源
企业家精神变量2016~2018年度数据	Wind数据库的上市公司年度报告、企业社会责任报告及企业可持续发展报告
管理层权力变量中2016~2018年度的部分数据	
社会绩效变量2016~2018年度数据	
生态绩效变量2016~2018年度数据	
经济绩效变量2018年度数据	
政府补助变量2016~2018年度数据	
经济绩效变量的2016年度与2017年度数据	国泰君安数据库
管理层权力变量中2016~2017年度数据	CCER数据库
部分社会责任报告及企业可持续发展报告	上海证券交易所网站、东方财富网站、全景网站、金融界网站

资料来源：本书研究。

4.3　样本企业特征的描述性统计分析

4.3.1　行业分布

本书根据国家标准《国民经济行业分类》及《企业绩效评价行业基本分类》，本书选取的样本企业以工业、信息技术服务业和建筑业为主，并选取了交通运输仓储及邮政业、批发和零售业、社会服务业、传播与文化业和农林牧渔业等具有代表性的上市企业。其中，在工业企业中，以医药工业、电子工业、机械工业、轻工业、化学工业、冶金工业等工业的企业为主，同时选取了石油石化、煤炭、食品、纺织、电力等工业的样本企业（见表4－7）。

表4－7　　　　行业描述性统计

行业名称	样本企业数（家）	占比（%）
医药工业	42	13.29
电子工业	35	11.08
机械工业	97	30.70
轻工业	7	2.21
化学工业	39	12.34
冶金工业	29	9.18
石油石化工业	7	2.21
煤炭工业	4	1.27
纺织工业	1	0.32
食品工业	10	3.16
电力热力燃气工业	3	0.95
信息技术服务业	13	4.10
建筑业	12	3.80
传播与文化业	4	1.27
社会服务业	3	0.95
批发和零售业	5	1.58
交通运输仓储及邮政业	1	0.32
农林牧渔业	4	1.27
汇总	316	100.00

资料来源：本书研究。

由表4－7可以看出，本书共有316家样本企业，以工业企业为主。其中，医药工业、机械工业和化学工业包含的企业最多，分别为42家、97家和39家，他们在整体样本中所占比例分别为13.29%、30.70%和12.34%。所有的工业企业在整体样本比例中累加占比为86.71%。

4.3.2 企业性质

样本企业包括国有企业和民营企业（见表4-8）。

表4-8 企业性质描述性统计

企业性质	样本企业数（家）	占比（%）
国有企业	138	43.67
民营企业	178	56.33
汇总	316	100.00

资料来源：本书研究。

根据表4-8，在316家样本企业中，国有企业有138家，所占比例达到43.67%，而民营企业有178家，在整体样本中占比56.33%。

4.3.3 地区分布

由表4-9可以看出，样本企业覆盖了东部、西部和中部地区，以东部地区为主，东部地区在整体样本中所占比例较高，西部地区和中部地区比例分别为16.77%和17.72%。其中，在东部地区，样本企业在整体样本中所占比例为65.51%。从样本分布地区来看，样本企业能较好地代表了中国各地区的企业发展的实际状况。

表4-9 地区描述性统计

地区	样本企业数（家）	占比（%）
东部	207	65.51
西部	53	16.77
中部	56	17.72
汇总	316	100.00

资料来源：本书研究。

4.4 回归模型设定

根据本书的研究假设，分别构建以下的实证模型。

4.4.1 企业家精神与企业可持续发展绩效

通过主成分分析法将企业家创业精神 EPS、企业家创新精神 IS、企业家冒险精神 AS、三个指标提取公因子，以每个指标的方差贡献率作为权重，加权平均后便得到企业家精神合成指标 ES，模型为式（4－8）：

$$(ES)_i = \kappa_{1i} \times (EPS)_i + \kappa_{2i} \times (IS)_i + \kappa_{3i} \times (AS)_i \qquad (4-8)$$

其中，κ_{1i}，κ_{2i}，κ_{3i}分别是（EPS）$_i$、（IS）$_i$、与（AS）$_i$的方差贡献率，$i=1$，2，…，N。

为考察企业家精神对企业可持续发展绩效的影响，验证企业家精神与企业可持续发展绩效的关系，构建模型 1 验证假设 1 和模型 2 验证子假设。模型 1 用式（4－9）表示，模型 2 用式（4－10）表示。

$$(SDP)_{it} = \alpha_{it} + \beta_{it} \times (ES)_{it} + \gamma_{it} \times (Controls)_{it} + \varepsilon_{it} \qquad (4-9)$$

$$(Y)_{it} = \alpha_{it} + \beta_{it} \times (X)_{it} + \gamma_{it} \times (Controls)_{it} + \varepsilon_{it} \qquad (4-10)$$

其中，参数α_{it}表示模型的常数项，β_{it}表示对应于解释变量向量的系数向量，k 表示解释变量的个数。被解释变量Y_{it}代表企业可持续发展绩效所包含的经济绩效、社会绩效和生态绩效。当被解释变量代表经济绩效时，用模型 2a 表示；当被解释变量代表社会绩效时，用模型 2b 表示；当被解释变量代表生态绩效时，用模型 2c 表示。解释变量的X_{it}则代表企业家精神的创业精神、创新精神、冒险精神。

4.4.2 管理层权力与企业可持续发展绩效

通过主成分分析法将 STP、SB 与 SBS 三个指标提取公因子，以每个指标的方差贡献率作为权重，加权平均后便得到管理层权力合成指标 MP，模型为式（4－11）：

$$(MP)_i = \nu_{1i} \times (STP)_i + \nu_{2i} \times (SB)_i + \nu_{3i} \times (SBS)_i \tag{4-11}$$

其中，κ_{1i}，κ_{2i}，κ_{3i}分别是（STP）$_i$、（SB）$_i$与（SBS）$_i$的方差贡献率，i＝1，2，…，N。

为验证上市公司的管理层权力对企业可持续发展绩效产生的实际影响，现分别构建模型 3 验证假设 2，模型 3 用式（4－12）表示。

$$(Y)_{it} = \alpha_{it} + \beta_{it} \times (MP)_{it} + \gamma_{it} \times (Controls)_{it} + \varepsilon_{it} \tag{4-12}$$

其中，被解释变量Y_{it}代表企业可持续发展绩效 SDP、经济绩效 EP、社会绩效 SP 和生态绩效 EGP。当被解释变量代表可持续发展绩效时，用模型 3a 表示；当被解释变量代表经济绩效时，用模型 3b 表示；当被解释变量代表社会绩效时，用模型 3c 表示；当被解释变量代表生态绩效时，用模型 3d 表示。

4.4.3 企业家精神、管理层权力与企业可持续发展绩效

$$(Y)_{it} = \alpha_{it} + \beta_{it} \times (ES)_{it} + \rho_{it} \times (MP)_{it} + \gamma_{it} \times (Controls)_{it} + \varepsilon_{it} \tag{4-13}$$

其中，被解释变量Y_{it}代表企业可持续发展绩效 SDP、经济绩效 EP、社会绩效 SP 和生态绩效 EGP。当被解释变量代表可持续发展绩效时，用模型 4a 表示；当被解释变量代表经济绩效时，用模型 4b 表示；当被解释变量代表社会绩效时，用模型 4c 表示；当被解释变量代表生态绩效时，用模型 4d 表示。

4.4.4 制度环境在企业家精神与企业可持续发展绩效之间的调节效应模型

为验证制度环境在企业家精神与企业可持续发展绩效之间可能产生的调节作用，现分别构建调节模型 4 验证假设 3，模型 4 用式（4－14）表示。

$$(SDP)_{it}=\alpha_{it}+\beta_{it}\times(ES)_{it}+\rho_{it}\times(Adjust)_{it}+\eta_{it}\times(ES)_{it}\times(Adjust)_{it}+\gamma_{it}\times(Controls)_{it}+\varepsilon_{it} \quad (4-14)$$

其中，$(Adjust)_{it}$代表政府补助 GS。

4.4.5 制度环境在管理层权力与企业可持续发展绩效之间的调节效应模型

为考察制度环境在管理层权力与企业可持续发展绩效之间可能产生的调节效应，现分别构建调节模型 5 验证假设 4，模型 5 用式（4－15）表示。

$$(SDP)_{it}=\alpha_{it}+\beta_{it}\times(MP)_{it}+\phi_{it}\times(Adjust)_{it}+\theta_{it}\times(MP)_{it}\times(Adjust)_{it}+\gamma_{it}\times(Controls)_{it}+\varepsilon_{it} \quad (4-15)$$

式（4－15）中，$(Adjust)_{it}$代表政府补助 GS。

4.4.6 制度环境在企业家精神、管理层权力与企业可持续发展绩效之间的调节效应模型

为考察制度环境在企业家精神、管理层权力与企业可持续发展绩效之间可能产生的调节效应，现分别构建调节模型 6 验证假设 4，模型 6 用式（4－16）表示。

$$(SDP)_{it}=\alpha_{it}+\beta_{it}\times(ES)_{it}+\phi_{it}\times(Adjust)_{it}+\theta_{it}\times(ES)_{it}\times(Adjust)_{it}+k_{it}\times(MP)_{it}+Q_{it}\times(MP)_{it}\times(Adjust)_{it}+\gamma_{it}\times(Controls)_{it}+\varepsilon_{it} \quad (4-16)$$

式（4－16）中，$(Adjust)_{it}$代表政府补助 GS。

在式（4－9）、式（4－10）、式（4－12）至式（4－16）中，Controls 代表控制变量，ε_{it}代表随机误差项。

第5章　实证结果与分析

5.1　数据的预处理

本书先对研究变量数据进行预处理，预处理的方法是对数变换和分组。本书分别对企业家创新精神变量和政府补助变量数据进行了对数变换。表5－1展示了相关研究变量的描述性统计情况。

表5－1　全样本书变量数据描述性统计

变量	Mean	Median	Minimum	Maximum	Std. Dev	N
EPS	0.915	0.582	0.001	11.856	1.269	316
IS	3.714	3.530	0.690	8.450	1.509	316
AS	4.892	3.000	1.000	27.000	4.245	316
STP	2.275	2.000	1.000	11.000	1.088	316
SB	8.722	9.000	4.000	15.000	1.919	316
SBS	3.683	3.000	2.000	9.000	1.166	316
EP	20.671	21.000	3.000	30.000	5.164	316
SP	6.424	6.000	1.000	15.000	2.245	316
EGP	4.006	3.000	1.000	15.000	3.136	316
GS	16.478	16.520	8.370	23.280	2.187	316

注：N代表样本量。
资料来源：本书研究。

从表5－1可知，在本书的上市样本企业中：企业家创业精神的均值为0.915，最小值0.001与最大值11.856，表明了不同企业之间的企业家所表现出的创业精神存在较大的差异；企业家创新精神的均值为 3.714，最小值 0.690 与最大值 8.450，显示了不同上市企业的高企业家创新精神与低企业家创新精神；企业家冒险精神的均值是 4.892，最小值 1.000 与最大值 27.000，说明了多数企业的冒险精神不强，多数企业的企业家比较保守，这也符合了现实情况；对于结构性权力，其均值为 2.275，最小值 1.000 与最大值 11.000，表明董事长与总经理两职合一的比例还是较低的，多数企业都是董事长与总经理的职务分离的。

而从董事会规模与监事会规模的均值来看，不同企业的董事会人数与监事会人数也存在着较大差异。企业的经济绩效均值 20.671，最小值 3.000 和最大值 30.000，表明有些企业的经济绩效比较低，而有些企业的经济绩效较高，二者之间的差距还是相当大的。而社会绩效的均值 6.424 与生态绩效均值 4.006，与经济绩效均值相比而言，可以看出企业对经济绩效的追求远远高于社会绩效和生态绩效，这既符合对现实情况的判断，也与理论分析相一致。在调节变量中，政府补助的均值 16.478，标准差 2.187，说明了各企业从政府那里所获得的创新支持的力度也存在着较大的差距。

为了直观地体现国有企业与民营企业的特征和差别，本书将研究变量数据分成国有企业数据与民营企业数据两组，并进行了分组描述性统计，其结果如表 5－2 所示。

表 5－2　　变量分组描述性统计

变量	国有企业			民营企业		
	均值	极差	标准差	均值	极差	标准差
EPS	0.842	11.855	1.601	0.971	5.999	0.935
IS	4.047	7.760	1.711	3.456	7.710	1.278
AS	5.543	23.000	4.555	4.388	26.000	3.927
STP	2.413	2.000	0.722	2.169	10.000	1.295
SB	9.138	10.000	2.040	8.399	11.000	1.757
SBS	4.159	7.000	1.374	3.315	5.000	0.804
EP	20.123	27.000	5.701	21.096	23.000	4.679
SP	7.130	13.000	2.434	5.874	11.000	1.921
EGP	5.036	14.000	3.452	3.208	9.000	2.610
GS	17.182	12.4000	2.271	15.933	13.130	1.957

资料来源：本书研究。

从表5-2中可以看到，从研究变量的均值来看，国有企业的企业家创新精神（IS）、企业家冒险精神（AS）、结构性权力（STP）、董事会规模（SB）、监事会规模（SBS）、社会绩效（SP）、生态绩效（EGP）及政府补助（GS）均高于民营企业。但民营企业在企业家创业精神（EPS）和经济绩效（EP）表现方面则好于国有企业，该结论既符合企业运作的现实情况，也与大多数学者的研究结论是一致的。国有企业也越来越重视企业家的创新精神，相较于民营企业，国有企业的资本较为雄厚，其风险投资项目也较多较大，冒险精神较高。国有企业的管理层权力相较于民营企业较大。国有企业的环保意识也更强，更加注重节能减排、资源再利用及循环经济，在履行社会责任方面发挥了带头作用。然而，国有企业由于"所有者缺位"现象严重，管理层权力较大，公司治理作用没有发挥出应有的监督作用，导致了较多的权力寻租、非效率投资等问题，因而国有企业的经济绩效（EP）相比较于民营企业更差。

5.2 变量的相关性分析

表5-3列出了主要研究变量的相关系数和显著性水平。从表5-3可以看出，除了生态绩效（EGP）与社会绩效（SP）之间的相关系数为0.517，略高于0.5外，其余变量之间的相关系数均远低于0.5，可以初步表明模型不存在严重的多重共线性问题。其中，企业家创业精神（EPS）与企业经济绩效（EP）的系数为-0.037，企业家创业精神（EPS）与社会绩效（SP）的系数为-0.303（$p<0.01$），企业家创业精神（EPS）与生态绩效（EGP）的系数为-0.319（$p<0.01$），表明企业家创业精神与企业经济绩效、社会绩效和生态绩效之间均呈现出负相关关系。

企业家创新精神（IS）与企业经济绩效（EP）的系数为0.033，企业家创新精神（IS）与社会绩效（SP）的系数为0.423（$p<0.01$），企业家创新精神（IS）与生态绩效（EGP）的系数为0.291（$p<0.01$），表明企业家创新精神与企业经济绩效、社会绩效和生态绩效之间均呈现出正相关关系。企业

表 5－3　全样本研究变量相关系数矩阵

变量	EPS	IS	AS	STP	SB	SBS	EP	SP	EGP	GS
EPS	1									
IS	－0.290***	1								
AS	－0.205***	0.111*	1							
STP	－0.002	0.089	0.004	1						
SB	－0.175***	0.092*	0.127**	0.075	1					
SBS	－0.148***	0.283***	0.177***	0.054	0.358***	1				
EP	－0.037	0.033	－0.135**	0.024	－0.113*	－0.075	1			
SP	－0.303***	0.423***	0.122**	0.048	0.161**	0.271***	0.007	1		
EGP	－0.319***	0.291***	0.123**	0.053	0.195***	0.263***	－0.059	0.517***	1	
GS	－0.394***	0.443***	0.229***	－0.039	0.227***	0.373***	－0.158***	0.329***	0.347***	

注：*** 表示 $P<0.001$，** 表示 $P<0.01$，*** 表示 $P<0.05$。

资料来源：本书研究。

家冒险精神（AS）与经济绩效（EP）的系数为 -0.135（$p<0.05$），呈现出较为显著的负相关关系，企业家冒险精神（AS）与社会绩效（SP）的系数为 0.122（$p<0.05$）、与生态绩效的系数为 0.123（$p<0.05$），显示了企业家冒险精神与社会绩效和生态绩效均呈现较显著的正相关关系。

结构性权力（STP）与经济绩效（EP）的系数为 0.024、与社会绩效（SP）的系数为 0.048、与生态绩效（EGP）的系数为 0.053，均正相关，说明了董事长与总经理两职合一，管理层权力集中，有利于企业家及时作出应对市场变化的决策，促进企业的经济绩效、社会绩效和生态绩效的提高。企业家创新精神（IS）与政府补助（GS）的系数为 0.443（$p<0.01$），表明政府补助正面激励了企业家创新精神。企业家创业精神（EPS）与政府补助的（GS）系数为 -0.394（$p<0.01$），表明政府补助负面激励了企业家创业精神。企业家冒险精神（AS）与政府补助（GS）的系数为 0.229（$p<0.01$），表明政府补助正面激励了企业家冒险精神。

5.3 主成分分析

在实证过程中需要用到企业家精神、管理层权力和企业可持续发展绩效等变量的合成指标，本书对这三个核心变量采用主成分分析的方法，得出各自的主成分分析结果。其中，PC 代表主成分，PC1、PC2、PC3 及 PC4 则分别代表第一、第二、第三及第四主成分，特征值小于 1，特征值越小表明效果越好，累计贡献率达到 85% 以上，表明该主成分已可以概括数据的内容（见表 5-4 ~ 表 5-6）。

表 5-4　　企业家精神的主成分分析结果

变量	第一主成分	第二主成分	第三主成分
EPS	-0.651	0.124	0.749
IS	0.587	-0.543	0.601
AS	0.481	0.831	0.281

续表

变量	第一主成分	第二主成分	第三主成分
特征值	1.412	0.897	0.691
贡献率	0.471	0.299	0.230
累计贡献率	0.471	0.770	1.000

资料来源：本书研究。

根据表5-4可以得到企业家精神如下：

$$\begin{cases} ES_1 = -0.651 \times EPS + 0.587 \times IS + 0.481 \times AS \\ ES_2 = 0.124 \times EPS - 0.543 \times IS + 0.831 \times AS \\ ES_3 = 0.749 \times EPS + 0.601 \times IS + 0.281 \times AS \end{cases} \quad (5-1)$$

$$ES = ES_1 \times 0.471 + ES_2 \times 0.299 + ES_3 \times 0.230 \quad (5-2)$$

表5-5　企业家所拥有的管理层权力主成分分析结果

变量	第一主成分	第二主成分	第三主成分
STP	0.233	0.971	0.043
SB	0.691	-0.135	-0.710
SBS	0.684	-0.195	0.703
特征值	1.380	0.979	0.642
贡献率	0.460	0.326	0.214
累计贡献率	0.460	0.786	1.000

资料来源：本书研究。

根据表5-5可以得到式（5-3）与式（5-4）：

$$\begin{cases} MP_1 = 0.233 \times STP + 0.691 \times SB + 0.684 \times SBS \\ MP_2 = 0.971 \times STP - 0.135 \times SB - 0.195 \times SBS \\ MP_3 = 0.043 \times EPS - 0.710 \times SB + 0.703 \times SBS \end{cases} \quad (5-3)$$

$$MP = MP_1 \times 0.460 + MP_2 \times 0.326 + MP_3 \times 0.214 \quad (5-4)$$

表 5 – 6　　企业可持续发展绩效主成分分析结果

变量	第一主成分	第二主成分	第三主成分
EP	–0.070	0.993	0.090
SP	0.703	0.113	–0.702
EGP	0.708	–0.014	0.706
特征值	1.519	1.002	0.479
贡献率	0.506	0.334	0.160
累计贡献率	0.506	0.840	1.000

资料来源：本书研究。

根据表 5 – 6 可以得到关于企业可持续发展绩效的式（5 – 5）与式（5 – 6）：

$$\begin{cases} SDP_1 = -0.070 \times EP + 0.703 \times SP + 0.708 \times EGP \\ SDP_2 = 0.993 \times EP + 0.113 \times SP - 0.014 \times EGP \\ SDP_3 = 0.090 \times EP - 0.702 \times SP + 0.706 \times EGP \end{cases} \tag{5-5}$$

$$SDP = SDP_1 \times 0.506 + SDP_2 \times 0.334 + SDP_3 \times 0.160 \tag{5-6}$$

5.4　多元回归模型满足条件的检验

本书通过构建中国本土化的企业家精神与企业可持续发展绩效、管理层权力与企业可持续发展绩效、政府补助在企业家精神与企业可持续发展绩效之间的调节效应、政府补助在管理层权力与企业可持续发展绩效之间的调节效应等四个回归方程。根据四个回归方程的残差，采用 Q – Q 图进行正态性检验，结果如图 5 – 1 ~ 图 5 – 4 所示。从 4 个 Q – Q 图上均可以看出，图上的点均近似地在一条直线附近，表明所构建的回归方程模型基本满足正态分布的假设条件。

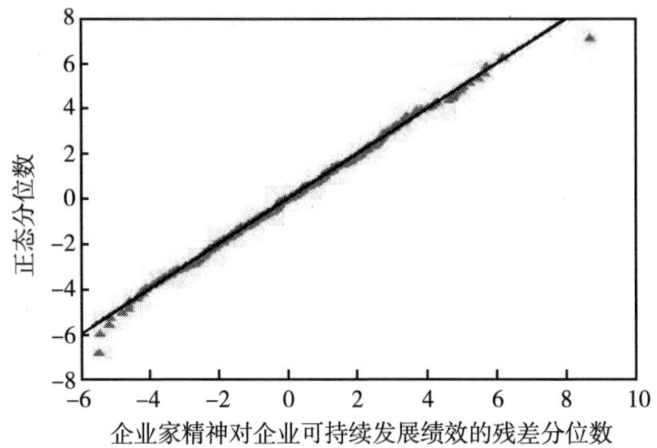

图 5-1　企业家精神与企业可持续发展绩效的 Q-Q

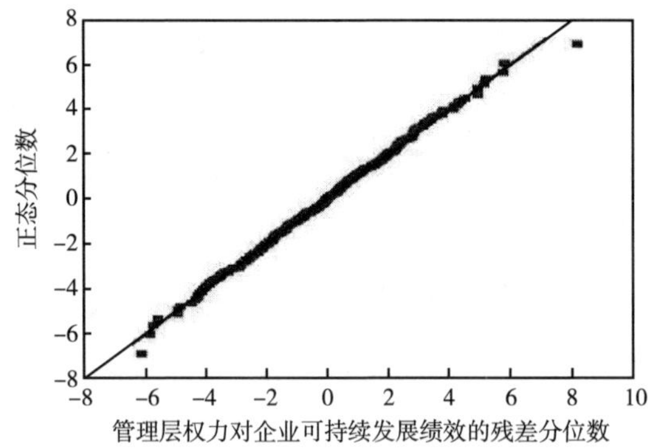

图 5-2　管理层权力与企业可持续发展绩效的 Q-Q

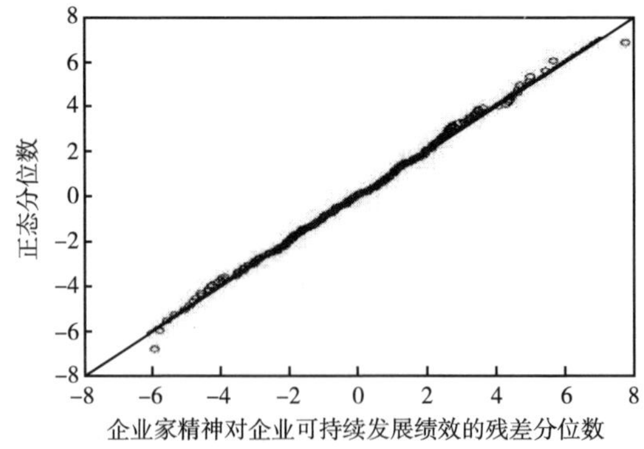

图 5-3　加入政府补助后企业家精神与企业可持续发展绩效的 Q-Q

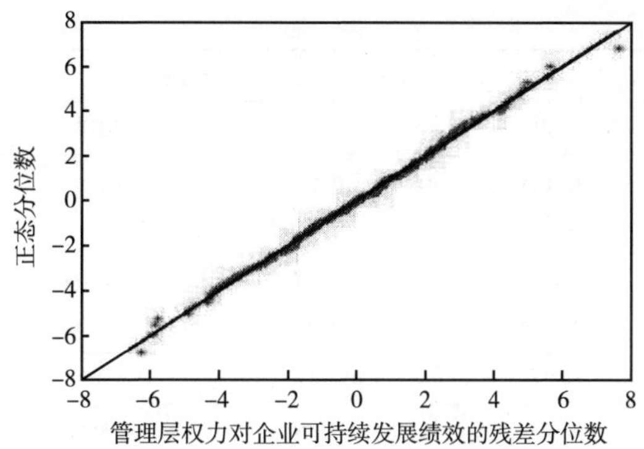

图 5-4　加入政府补助后管理层权力与企业可持续发展绩效的 Q-Q

5.5　多元回归模型的实证结果与解释

5.5.1　全样本数据回归结果

本书通过多元回归模型对全样本数据进行实证分析，实证结果见表 5-7 与表 5-8。表 5-7 是企业家精神、管理层权力与企业可持续发展绩效之间的主效应实证结果。

表 5-7　全样本数据企业家精神、管理层权力与企业可持续发展绩效的主效应结果

变量	被解释变量			
	EP	SP	EGP	SDP
CONSTANT	21.371 *** (18.369)	4.763 *** (10.488)	2.985 *** (4.520)	9.371 *** (18.506)
EPS	-0.171 (-0.678)	-0.318 *** (-3.243)	-0.561 *** (-3.927)	-0.404 *** (-3.691)
IS	0.109 *** (0.543)	0.539 *** (6.893)	0.442 *** (3.882)	0.392 *** (4.488)
AS	-0.184 *** (-2.645)	0.023 (0.842)	0.036 (0.914)	-0.034 (-1.119)

续表

变量	被解释变量			
	EP	SP	EGP	SDP
REG	0.431 (0.877)	-0.044 (-0.230)	0.078 (0.281)	0.158 (0.739)
IND	-0.132 (-0.946)	-0.033 (-0.605)	-0.100 (-1.265)	-0.097 (-1.598)
R^2	0.029	0.217	0.152	0.155
AIC	6.127	4.245	4.994	4.463
F	1.859	17.185	11.094	11.401
CONSTANT				10.395*** (25.249)
ES				0.066 (1.177)
CONSTANT				8.827*** (12.526)
MP				0.502*** (2.968)
CONSTANT	23.624*** (13.958)	4.350*** (6.125)	0.815 (0.827)	8.942*** (11.562)
STP	0.186 (0.693)	0.063 (0.564)	0.106 (0.681)	0.125 (1.022)
SB	-0.286* (-1.761)	0.080 (1.174)	0.176* (1.866)	0.016 (0.215)
SBS	-0.198 (-0.745)	0.459*** (0.564)	0.572*** (3.687)	0.334*** (2.746)
REG	0.464 (0.939)	-0.067 (-0.324)	0.038 (0.133)	0.142 (0.634)
IND	-0.170 (-1.268)	-0.109** (-1.935)	-0.204*** (-2.614)	-0.179*** (-2.918)
R^2	0.024	0.090	0.102	0.063
AIC	6.132	4.395	5.051	4.566
F	1.499	6.137	7.034	4.203

续表

变量	被解释变量			
	EP	SP	EGP	SDP
CONSTANT	22.843*** (14.713)	4.271*** (6.559)	1.006 (1.111)	8.767*** (12.325)
ES	-0.261** (-2.118)	0.143*** (2.765)	0.167** (2.322)	0.037 (0.655)
MP	-0.291 (-0.775)	0.589*** (3.741)	0.869*** (3.966)	0.481*** (2.793)
REG	0.409 (0.833)	-0.046 (-0.223)	0.077 (0.268)	0.150 (0.666)
IND	-0.178 (-1.328)	-0.105* (-1.865)	-0.201* (-2.573)	-0.179*** (-2.910)
R^2	0.025	0.092	0.100	0.059
AIC	6.125	4.387	5.047	4.564
F	1.980	7.882	8.600	4.905
N	316	316	316	316

注：*** 表示 $p<0.01$，** 表示 $p<0.05$，* 表示 $p<0.1$；括号内为t值。
资料来源：本书研究。

表5-8　　全样本数据加入制度环境后调节效应的实证结果

变量	调节模型1	变量	调节模型2
CONSTANT	8.147*** (4.414)	CONSTANT	8.494* (1.811)
ES	-0.233 (-0.542)	MP	-0.172 (-0.134)
GS	0.143 (1.301)	GS	0.042 (0.151)
ES× GS	0.014 (0.575)	MP× GS	0.033 (0.437)
REG	0.185 (0.820)	REG	0.187 (0.838)
IND	-0.173*** (-2.798)	IND	-0.170*** (-2.776)

续表

变量	调节模型 1	变量	调节模型 2
R^2	0.064	R^2	0.078
AIC	4.565	AIC	4.550
F	4.373	F	5.271
N	316	N	316
变量	调节模型 3		
CONSTANT	8.922* (1.860)		
ES	−0.190 (−0.441)		
GS	0.018 (0.062)		
ES × GS	0.011 (0.437)		
MP	−0.113 (−0.087)		
MP × GS	0.029 (0.385)		
REG	0.190 (0.848)		
IND	−0.171*** (−2.789)		
R^2	0.079		
AIC	4.562		
F	3.771		
N	316		

注：*** 表示 $p<0.01$，** 表示 $p<0.05$，* 表示 $p<0.1$；括号内为 t 值。
资料来源：本书研究。

根据表 5－7，从解释变量企业家创业精神（EPS）、企业家创新精神（IS）、企业家冒险精神（AS）、企业家精神（ES）和管理层权力（MP）的系数中，可以判断出它们分别对企业可持续发展绩效（SDP），以及企业可持续发展绩效所包含的经济绩效（EP）、社会绩效（SP）、生态绩效（EGP）所产生的影响方向和解释的程度。企业家精神的系数是0.066（$p<0.1$），对企业可持续发展绩效产生了较为显著的正向影响，支持了假设1的推断。企业家的创业精神与经济绩效的拟合系数是-0.171，与社会绩效的系数是-0.318（$p<0.01$），与生态绩效的系数是-0.561（$p<0.01$），说明企业家创业精神对企业的经济绩效、社会绩效和生态绩效均产生了显著的负向影响。企业家的创新精神与企业的经济绩效、社会绩效和生态绩效的拟合系数均为正值，分别为0.109（$p<0.01$）、0.539（$p<0.01$）和0.442（$p<0.01$），表明企业家创新精神整体而言是显著有助于企业的可持续发展绩效提升的。

企业家的冒险精神则表现出对企业的经济绩效（系数-0.184，$p<0.01$）的显著负向影响作用，但对社会绩效（系数0.023）和生态绩效（系数0.036）呈现出正向影响，假设1的各子假设均获得了支持。企业家所拥有的管理层权力对企业的可持续发展绩效（系数0.502，$p<0.01$）起到促进作用，呈现出显著的正向作用，支持了假设2的判断。在管理层权力的构成因素中，董事长与总经理两职合一对企业可持续发展绩效（系数0.186）产生正向作用，董事会规模与企业可持续发展绩效的系数是0.125（$p<0.05$），监事会规模与企业可持续发展绩效的拟合系数是0.016（$p<0.01$），表明它们均对企业可持续发展绩效产生显著的正向影响，假设2的各子假设均获得了实证结果的支持。

同时也发现，当把企业家精神（ES）与管理层权力（MP）放在一个模型中分别与经济绩效、社会绩效、生态绩效、企业可持续发展绩效拟合的时候，得到如下结果：企业家精神和管理层权力均与经济绩效存在负相关关系，其拟合系数分别为-0.261和-0.291；它们与社会绩效均存在显著的正相关关系，拟合系数分别是0.143和0.589；它们与生态绩效存在较为显著的正向关系，拟合系数分别为0.167和0.869。企业家精神与企业可持续发展绩效之间正相关（0.037），但不显著；管理层权力与企业可持续发展绩效之间则呈现出显著的正相关关系（0.481，$p<0.01$）。

由表5-8可以得到，企业家精神（ES）的估计系数是-0.233，在10%的水平下通过参数的显著性检验。政府补助（GS）的估计系数是0.143，在

10%的水平下通过显著性检验。企业家精神×政府补助（ES×GS）的估计系数是0.014，在10%显著性水平下通过检验。政府补助在企业家精神与企业可持续发展绩效的关系中起到负向调节作用，但不显著，调节效应如图5-5所示。制度环境在企业家精神与企业可持续发展绩效关系中起到的负向调节效应，表明假设3及子假设未得到验证。

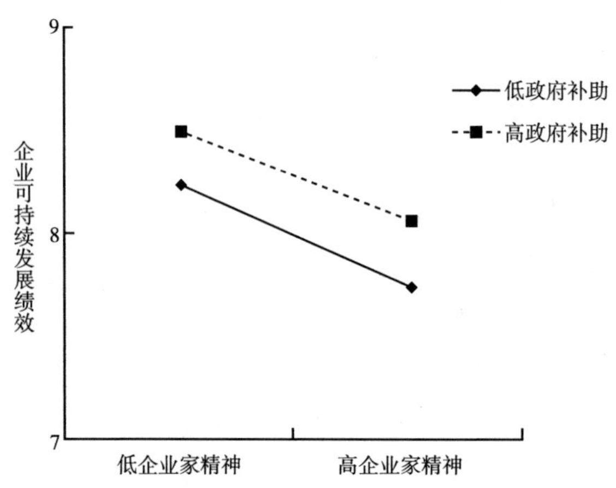

图5-5 政府补助对企业家精神与企业可持续发展绩效关系的调节效应

制度环境在管理层权力与企业可持续发展绩效关系中起到的负向调节效应，假设4未得到证实。管理层权力（MP）的估计系数是-0.113，在10%的水平下通过参数的显著性检验。政府补助（GS）的估计系数是0.018，在10%的水平下通过显著性检验。管理层权力×政府补助（MP×GS）的估计系数是0.029，在10%显著性水平下通过检验。政府补助在管理层权力与企业可持续发展绩效的关系中起到负向调节作用，表明假设4a获得支持，其调节效应如图5-6所示。

本书将企业家精神与管理层权力同时放入模型中，检验政府补助所起到的调节效应，得到政府补助在模型中均产生负向调节作用。根据表5-8可制作出调节效应图5-7和图5-8，发现图5-5与图5-7、图5-6与图5-8之间存在的差异。图5-5与图5-7均表明，政府补助在企业家精神与企业可持续发展绩效的关系中起到负向调节作用，与不存在政府补助的企业相比，存在政府补助的企业家精神对企业可持续发展绩效的负面影响更强。但图 5 -7 所显示的政府补助在企业家精神与企业可持续发展绩效之间的负向调节效果比图 5 -5 更明显些。

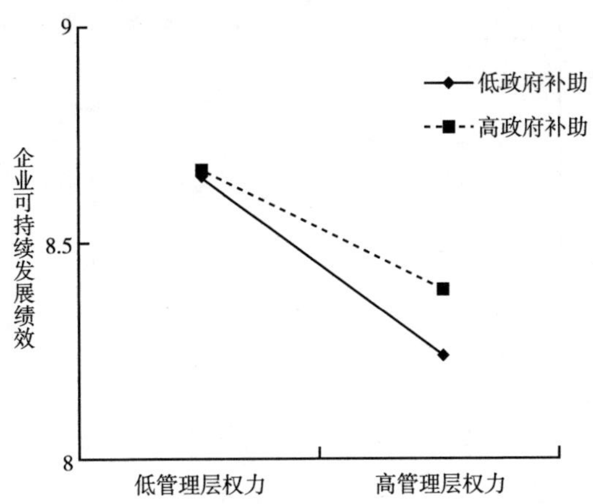

图 5 -6 政府补助对管理层权力与企业可持续发展绩效关系的调节效应

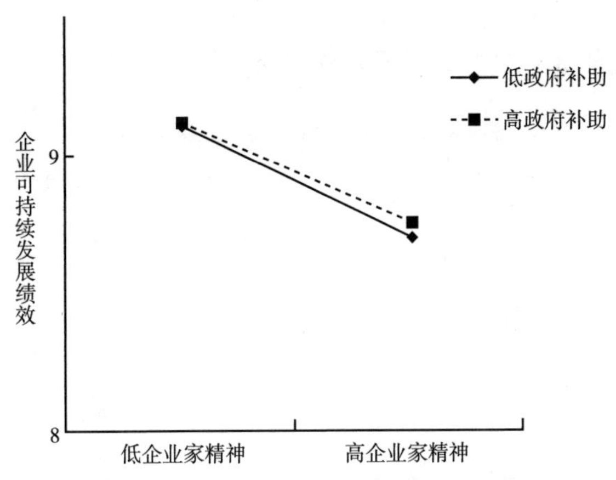

图 5 -7 政府补助在企业家精神与企业可持续发展绩效之间的调节效应

图 5 -8 与图 5 -6 之间存在的差异。图 5 -6 与图 5 -8 均显示政府补助在管理层权力与企业可持续发展绩效的关系中起到负向调节作用，与存在较少政府补助的企业相比，存在高政府补助的管理层权力对企业可持续发展绩效的负面影响更强。但图 5 -8 所显示的政府补助在管理层权力与企业可持续发

展绩效之间的负向调节效果比图 5 - 6 更明显些。

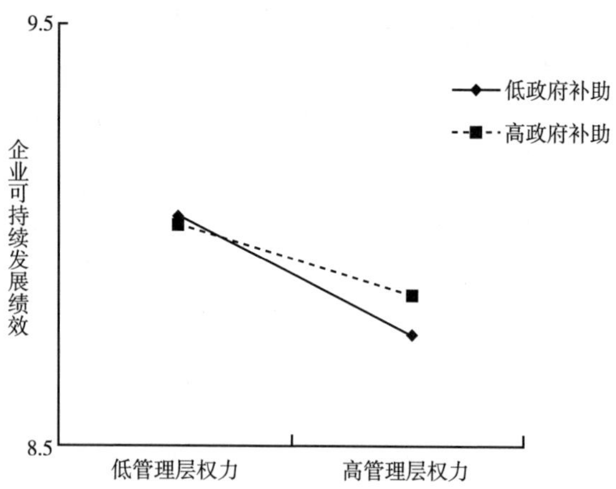

图 5 - 8　政府补助在管理层权力与企业可持续发展绩效之间的调节效应

根据表 5 - 7 与表 5 - 8 的多元回归结果，和对实证结果的分析与解释，本书得到如表 5 - 9 所示的实证结果汇总表。从表 5 - 9 可以看出，对于样本企业的实际数据，本书通过所建立的多元回归模型对研究变量数据进行实证的结果表明，比较客观的验证了所建立的研究假设。

表 5 - 9　全样本多元回归模型实证结果汇总表

变量	研究假设			
EPS		正向影响（H_{1a}成立）	显著负向影响（H_{1b}成立）	显著负向影响（H_{1c}成立）
IS		正向影响（H_{1d}成立）	显著正向影响（H_{1e}成立）	显著正向影响（H_{1f}成立）
AS		显著负向影响（H_{1g}成立）	显著正向影响（H_{1h}成立）	显著正向影响（H_{1i}成立）
ES	显著正向影响（H_1成立）			
MP	显著正向影响（H_2成立）	显著负向影响（H_{2a}成立）	显著正向影响（H_{2b}成立）	显著正向影响（H_{2c}成立）
STP	正向影响（H_{2d}成立）			

续表

变量	研究假设			
SB	显著正向影响（H_{2e}成立）			
SBS	显著正向影响（H_{2f}成立）			
ES × IE	正向调节（H_3不成立）			
ES × GS	正向调节（H_{3a}不成立）			
MP × IE	正向调节（H_4不成立）			
MP × GS	负向调节（H_{4a}成立）			

资料来源：本书研究。

5.5.2　国有企业样本回归结果

为了比较企业家精神、管理层权力与企业可持续发展绩效以及政府补助在其中的调节作用，在国有企业与民营企业的异同，本书根据所建立的模型，采用国有企业样本和民营企业样本数据，分别对主效应和调节效应模型进行了实证分析，实证结果见表5－10，调节效应见图5－9至图5－12。

表5－10　国有企业的企业家精神、管理层权力与企业可持续发展绩效的主效应结果

变量	被解释变量		
	SDP	SDP	SDP
CONSTANT	11.458*** (16.130)	11.009*** (8.461)	11.048*** (8.397)
ES	－0.014 (－0.162)		－0.022 (－2.242)
MP		0.098 (0.325)	0.115 (0.371)

续表

变量	被解释变量		
	SDP	SDP	SDP
REG	0. 294 (0. 849)	0. 290 (0. 837)	0. 289 (0. 832)
IND	-0. 301 ** (-2. 876)	-0. 296 (-2. 867)	-0. 300 ** (-2. 854)
R^2	0. 066	0. 067	0. 067
AIC	4. 820	4. 819	4. 833
F	3. 154	3. 182	2. 385
N	138	138	138

资料来源：本书研究。

表 5-11　　国有企业样本加入制度环境后调节效应的实证结果

变量	调节模型 1	调节模型 2
CONSTANT	8. 212 *** (2. 575)	3. 382 *** (3. 680)
ES	-0. 406 (-0. 530)	
GS	0. 200 (1. 129)	-0. 051 (-0. 970)
ES × GS	0. 017 (0. 402)	
MP		-0. 367 (-1. 505)
MP × GS		0. 019 (1. 423)
REG	0. 371 (1. 080)	0. 050 (1. 392)
IND	-0. 278 ** (-2. 587)	-0. 035 ** (-3. 222)
R^2	0. 104	0. 132
AIC	4. 807	0. 264
F	3. 072	4. 012
N	138	138

资料来源：本书研究。

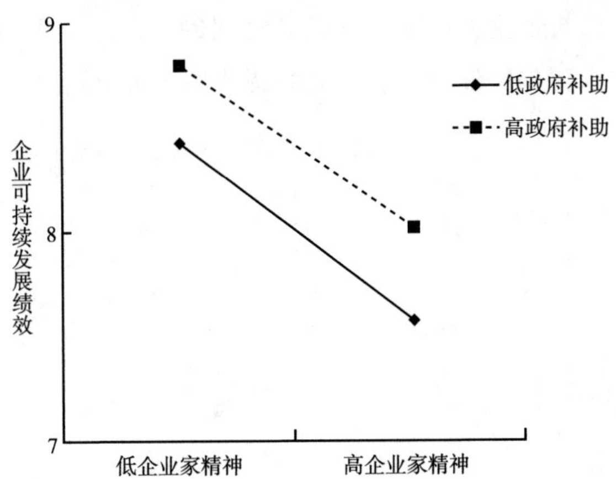

图5-9　国有企业政府补助在企业家精神与企业可持续发展绩效之间的调节效应

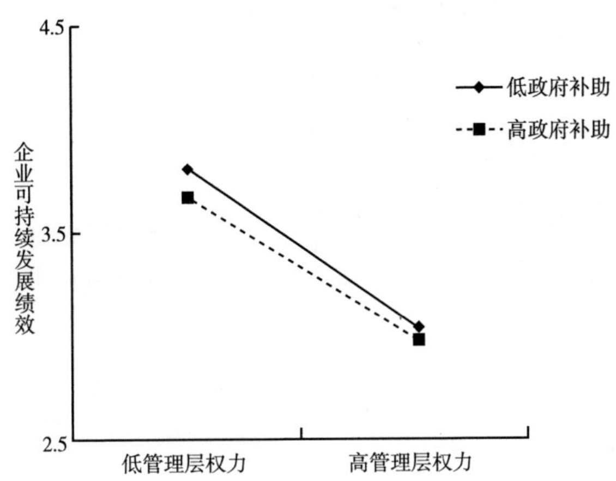

图5-10　国有企业政府补助在管理层权力与企业可持续发展绩效之间的调节效应

对国有企业样本数据进行回归分析，实证结果如表5-10和表5-11所示。根据表5-10，本书发现，在国有企业中，管理层权力对企业可持续发展绩效产生正向影响，而企业家精神却对企业可持续发展绩效产生负向影响。表明假设1在国有企业中不成立，假设2获得支持。

从表5-11看出，使用政府补助测量制度环境，将调解变量政府补助加入模型中发现，在国有企业中，政府补助均对企业家精神与企业可持续发展绩效、管理层权力与企业可持续发展绩效之间的关系产生负向调节作用，假设 3 与假设 4 均未得到验证。政府补助的调节作用可以通过图 5 –9 与图 5 –10 得到反映。

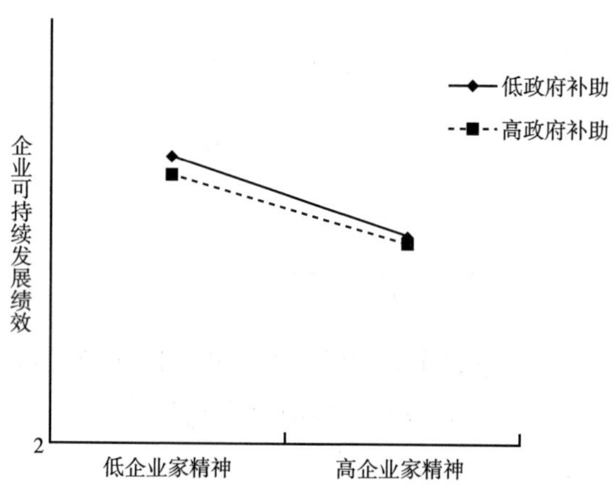

图 5 –11　民营企业政府补助在企业家精神与企业可持续发展绩效之间的调节效应

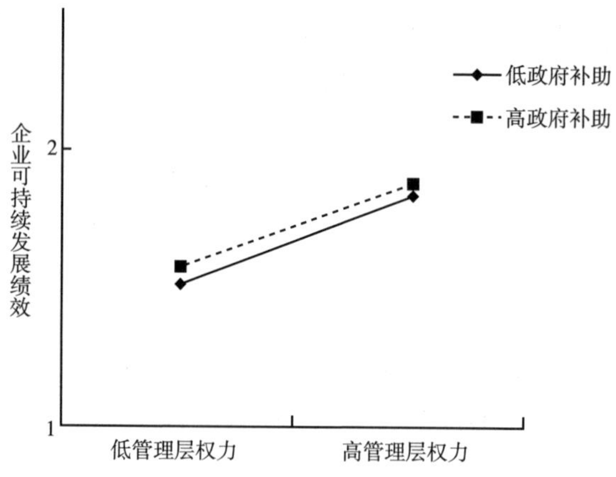

图 5 –12　民营企业政府补助在管理层权力与企业可持续发展绩效之间的调节效应

图 5 –9 表明，在国有企业中，政府补助在企业家精神与企业可持续发展绩效之间的关系中起负向调节作用，高的政府补助会削弱企业家精神与企业可持续发展绩效间的关系，低的政府补助会增强企业家精神与企业可持续发

展绩效之间的关系，换句话说，企业家精神对企业可持续发展绩效的负向影响在低的政府补助中更为强烈。

图 5－10 表明，在国有企业中，政府补助在管理层权力与企业可持续发展绩效之间的关系中起负向调节作用，高的政府补助会削弱管理层权力与企业可持续发展绩效间的关系，低的政府补助会增强管理层权力与企业可持续发展绩效之间的关系。

5.5.3　民营企业样本回归结果

通过对民营企业样本数据进行实证分析，得到如表 5－12 与表 5－13 所示的实证结果。从表 5－12 可以看出，在民营企业中，企业家精神与企业可持续发展绩效之间呈现出正相关关系，假设 1 成立；管理层权力与企业可持续发展绩效之间呈现出较为显著的正相关关系，假设 2 得到证实。

表 5－12　民营企业家精神、管理层权力与企业可持续发展绩效的主效应结果

变量	被解释变量		
	SDP	SDP	SDP
CONSTANT	9.941*** (20.778)	8.329*** (9.837)	8.183*** (9.488)
ES	0.073 (1.024)		0.063 (0.900)
MP		0.526** (2.491)	0.516 (2.435)
REG	-0.079 (-0.271)	0.003 (-0.009)	-0.012 (-0.043)
IND	-0.109** (-1.508)	-0.101 (-1.417)	-0.102** (-1.430)
R^2	0.019	0.047	0.051
AIC	4.307	4.278	4.285
F	1.096	2.837	2.328
N	178	178	178

资料来源：本书研究。

表 5-13　民营企业样本加入制度环境后调节效应的实证结果

变量	调节模型 1	调节模型 2
CONSTANT	10.892*** (4.540)	1.707*** (2.559)
ES	-0.534 (-0.881)	
GS	-0.061 (-0.409)	0.024 (0.578)
ES × GS	0.037 (0.995)	
MP		0.152 (0.779)
MP × GS		-0.006 (-0.481)
REG	-0.054 (-0.184)	0.003 (0.089)
IND	-0.105 (-1.451)	-0.010** (-1.229)
R^2	0.028	0.049
AIC	4.320	-0.129
F	0.984	1.786
N	178	178

资料来源：本书研究。

根据表 5-13，在民营企业中，政府补助在企业家精神与企业可持续发展绩效之间产生负向调节作用，假设 3 不成立。但政府补助在管理层权力与企业可持续发展绩效之间起到正向调节作用，假设 4 成立。其调节效应见图 5-11 与图 5-12。

图 5-11 表明，在民营企业中，政府补助在企业家精神与企业可持续发展绩效之间的关系中起负向调节作用。高的政府补助会削弱企业家精神与企业可持续发展绩效间的关系，低的政府补助会增强企业家精神与企业可持续发展绩效之间的关系。

图 5 - 12 表明，在民营企业中，政府补助在管理层权力与企业可持续发展绩效之间的关系中起较为显著的正向调节作用。高的政府补助会增强管理层权力与企业可持续发展绩效间的关系，低的政府补助会削弱管理层权力与企业可持续发展绩效之间的关系。换句话说，管理层权力对企业可持续发展绩效的正向影响在高的政府补助中更为强烈。

5.6 稳健性检验

本书采用 Quandt-Andrews Breakpoint Test 方法对模型进行了检验，对称剔除 5% 的样本，检验结果如表 5 - 14 所示。

表 5 - 14 Quandt-Andrews Breakpoint Test 检验结果

企业家精神与企业可持续发展绩效的主效应模型		
Statistic	Value	Prob.
Maximum LR F-statistic (Obs. 25)	6. 426	0. 002
MaximumWald F-statistic (Obs. 25)	25. 705	0. 002
Exp LRF-statistic	1. 155	0. 088
Exp Wald F-statistic	8. 970	0. 001
Ave LRF-statistic	1. 667	0. 069
Ave Wald F-statistic	6. 668	0. 069
管理层权力与企业可持续发展绩效的主效应模型		
Statistic	Value	Prob.
Maximum LR F-statistic (Obs. 25)	6. 196	0. 002
MaximumWald F-statistic (Obs. 25)	24. 786	0. 002
Exp LRF-statistic	1. 088	0. 112
Exp Wald F-statistic	8. 275	0. 002
Ave LRF-statistic	1. 677	0. 067
Ave Wald F-statistic	6. 711	0. 067

续表

制度环境在企业家精神与企业可持续发展绩效之间的调节效应模型		
Statistic	Value	Prob.
Maximum LR F-statistic（Obs. 18）	3. 492	0. 056
MaximumWald F-statistic（Obs. 18）	20. 950	0. 056
Exp LRF-statistic	1. 078	0. 081
Exp Wald F-statistic	7. 938	0. 024
Ave LRF-statistic	2. 028	0. 008
Ave Wald F-statistic	12. 167	0. 008
制度环境在管理层权力与企业可持续发展绩效之间的调节效应模型		
Statistic	Value	Prob.
Maximum LR F-statistic（Obs. 165）	3. 457	0. 060
MaximumWald F-statistic（Obs. 165）	20. 742	0. 060
Exp LRF-statistic	1. 053	0. 091
Exp Wald F-statistic	7. 721	0. 029
Ave LRF-statistic	1. 989	0. 010
Ave Wald F-statistic	11. 936	0. 010
企业家精神、管理层权力与企业可持续发展绩效的主效应模型		
Statistic	Value	Prob.
Maximum LR F-statistic（Obs. 25）	4. 873	0. 007
MaximumWald F-statistic（Obs. 25）	24. 367	0. 007
Exp LRF-statistic	0. 874	0. 216
Exp Wald F-statistic	8. 223	0. 007
Ave LRF-statistic	1. 459	0. 111
Ave Wald F-statistic	7. 294	0. 111
制度环境在企业家精神、管理层权力与企业可持续发展绩效之间的调节效应模型		
Statistic	Value	Prob.
Maximum LR F-statistic（Obs. 165）	2. 629	0. 168
MaximumWald F-statistic（Obs. 165）	21. 032	0. 168
Exp LRF-statistic	0. 820	0. 227
Exp Wald F-statistic	7. 938	0. 091
Ave LRF-statistic	1. 585	0. 040
Ave Wald F-statistic	12. 683	0. 040

资料来源：本书研究。

从表5－14可以看出，在主效应假设检验的模型中，企业家精神与企业可持续发展绩效、管理层权力与企业可持续发展绩效，及企业家精神、管理层权力与企业可持续发展绩效的关系中，似然比F统计量和沃尔德F统计量均在第25个样本点处达到最大值，且p值均为0，在1%的显著性水平下拒绝在第25个观测值处不存在突变点的假设。在所有的样本观测值区间内，只存在一个未知结构突变点，即在第25个分割点观测值处，表明模型是相对比较稳健的。制度环境在企业家精神与企业可持续发展绩效的调节效应模型中，似然比F统计量和沃尔德F统计量均在第18个样本点处达到最大值，且p值均为0，在1%的显著性水平下拒绝在第18个观测值处不存在突变点的假设。制度环境在管理层权力与企业可持续发展绩效的调节效应模型中，以及制度环境在企业家精神、管理层权力与企业可持续发展绩效的调节效应模型中，似然比F统计量和沃尔德F统计量均在第165个样本点处达到最大值，且p值均为0，在1%的显著性水平下拒绝在第165个观测值处不存在突变点的假设。表明在所有的样本观测值区间内，只存在一个未知结构突变点，即在第165个分割点观测值处，表明模型是相对比较稳健的。

第6章 研究结论与展望

本书从研究的背景与国内外学者的研究进展中发现研究的方向，提出研究问题，确定相关理论，构建研究假设，采集与整理数据，设定合适的实证研究模型，通过多元回归模型，得到实证结果，并对实证结果进行了解释。现将对本书的研究做系统全面的总结和归纳，详细阐明本书的研究结论，研究的理论贡献与实践启示，研究的不足及未来的展望。

6.1 研究结论

本书的研究问题是“企业家精神对企业可持续发展绩效的影响效果，企业家所拥有的管理层权力对企业可持续发展绩效产生的影响作用，以及制度环境分别在企业家精神与企业可持续发展绩效之间、在管理层权力与企业可持续发展绩效之间可能产生的调节效应”。为了更好地解答这一研究问题，本书设计了三项研究：研究一是考察企业家精神与企业可持续发展绩效之间的关系，以及制度环境在其中的调节作用；研究二则考察企业家拥有的管理层权力与企业可持续发展绩效之间的关系，以及制度环境所起到的调节作用；研究三则综合考察企业家精神、管理层权力与企业可持续发展绩效之间的关系，以及制度环境在其中所起到的调节作用。采用了316家具有代表性的样本企业，并通过回归模型进行了实证分析，实证结果基本支持了所有的理论假设。具体的研究结论如下。

6.1.1　企业家精神对企业可持续发展绩效的影响

全样本数据的实证结果发现，企业家精神对企业可持续发展绩效产生显著的正向影响。企业家创业精神对企业经济绩效产生负向影响、对企业社会绩效呈显著的负向影响作用及对企业生态绩效呈显著的负向影响作用；企业家创新精神对企业经济绩效、社会绩效和生态绩效均呈显著的正向影响作用；企业家冒险精神对企业经济绩效呈显著的负向影响作用，对社会绩效和生态绩效则均呈显著的正向影响作用。先前的大多数研究都认为企业家精神与企业绩效之间呈现正相关关系，学者们所用的企业绩效是指本书的企业经济绩效。本书也同样验证得出企业家创新精神对企业的经济绩效产生正向作用，这与已有的研究结论是一致的。本书所用的企业可持续发展绩效不仅包括经济绩效，还含有社会绩效和生态绩效的内容。

当把企业家精神与企业绩效的研究拓展到企业家精神与企业可持续发展绩效之间的研究时，通过企业的实际数据，本书发现，企业家精神与企业可持续发展绩效之间依然存在正相关关系。然而，在国有企业中，企业家精神对企业可持续发展绩效产生负向影响。这一负向影响的结论，可以从2016年8月，国务院办公厅发布《关于建立国有企业违规经营投资责任追究制度的意见》[①] 的背景看出，该意见主要针对"决策轻率、失误频频发生，投资不讲效益，浪费严重，形成巨额负债"等现实问题而提出的。这一研究结论与当前国有企业发展的现实相吻合。

根据资源基础理论，企业的核心竞争力在于获取异质性资源，而企业家精神则是一个企业独特的异质性资源，企业家精神的发挥能够增强企业的核心竞争力，有助于提高企业的可持续发展绩效。企业家追求卓越的创新精神，在企业的生存和发展中不断创新，企业家创新精神体现在新产品、新技术、新策略、新市场及新模式等方面，能够给企业注入新的竞争力，推动企业的

① 国务院办公厅印发《关于建立国有企业违规经营投资责任追究制度的意见》，http：//www.gov.cn/xinwen/2016－08/23/content_5101619.htm.

经济绩效、社会绩效和生态绩效的提高，进而实现企业可持续发展，稳固甚至提高企业的市场地位，使企业更好地立足于市场中。

企业家创业是发现和捕获商机并创造价值的过程。企业家凭借其独特的眼光、敏锐的洞察力识别和开发商业机会，通过对创业组织进行有效的领导和管理，整合组织内外部资源，利用和实现机会价值，最终达到创造价值、组织盈利的目的，应该说，组织盈利是企业家创业精神的主要目标。然而，创业同样可能会面临失败，从而对经济绩效产生负面影响。这一失败，再现实中同样存在，如有些企业再行业外投资创业的失败案例频频出现。企业家创业精神对社会绩效和生态绩效均产生负向影响，可能的解释是，对履行企业社会责任和生态环境保护的责任可能不是追求创业精神的企业家所主要考虑的目标，有些企业甚至可能不参与公益事业、不重视员工的工作环境、以牺牲生态环境为代价来追求企业的高利润，这种现象依然存在。

然而，在现在国家和部分企业大力倡导社会责任、责任担当和保护生态环境的社会氛围中，企业家的冒险精神则显示出对企业的社会绩效和生态绩效起到正向的促进作用。企业家冒险精神所表现出的风险投资或重大投资，这些风险投资也可能会带来投资的失败，因而企业家冒险精神与企业经济绩效之间存在负相关关系。可持续发展理论认为，企业的可持续发展应当同时考虑到经济、社会和生态环境三个方面的需求。经济发展既要满足人类生存和发展的需要，又不能超出现有环境及资源的承载能力，做到环境与经济的和谐共存。所以，企业家这种特殊的异质性的稀缺资源，为企业家在创业、创新及冒险精神的发挥过程中，需要平衡协调企业可持续发展绩效中所反映的经济绩效、社会绩效、生态绩效之间的利益关系，切实促进企业的可持续发展，并对经济的发展做出了贡献。

6.1.2 企业家所拥有的管理层权力对企业可持续发展绩效的影响

全样本数据的实证结果证实了，企业家拥有的管理层权力对企业可持续发展绩效呈现出显著的正向影响。董事会规模和监事会规模均对企业经济绩效之间产生显著的负向影响；董事会规模和监事会规模权力对企业社会绩效和生态绩效均产生显著的正向影响；结构性权力对经济绩效、社会绩效和生态绩效均产生正向影响；结构性权力对企业可持续发展绩效产生正向影响作用；董事会规模对企业可持续发展绩效产生正向影响作用；监事会规模对企业可持续发展绩效产生正向影响作用。企业家可以是作为所有者的委托人，也可以是职业经理人，即代理人。委托代理理论认为，在信息非对称的环境中，设计好对代理人的激励与约束机制，以实现公司价值的最大化。而本书实证得出的管理层权力实际上是会促进企业可持续发展绩效的提高，由此在一定程度上说明了已有的委托代理理论能够对研究结论作出解释。

管理层权力理论指出，股东不能充分有效地行使权力，纵容了管理层权力进一步滋生高管的寻租行为，所做出的经营管理决策导致企业的利润锐减、经营收缩甚至失败的负面效果。管理层权力理论所强调的管理层权力的负向作用，有效地解释了本书的研究结论，即管理层权力与企业经济绩效之间存在显著的负相关关系。利益相关者理论认为，企业是由一组包括股东、债权人、管理者、员工、供应商、客户、政府等利益相关者之间的利益共同体，任何一个企业必须考虑其所有的利益相关者的需求，并尽可能地满足他们的需求。管理层为了提高企业或个人声望，会通过参与公益事业、提高员工福利待遇、发展与客户和供应商之间的合作伙伴关系、向政府依法纳税等履行社会责任，宣扬自己的公益行为，使得管理层权力促进了企业社会绩效的提高。

资源基础理论进一步指出了一个企业的生存和发展依赖于其从外界环境获取的关键资源，如股东投资的资本、人力资本的供给等。企业只有保持和巩固与各个利益相关者之间的关系，才能维持稳定的资源供给，为企业的可持续经营发展提供支持。这也赋予了管理层运用相关权力为企业发展获取关键资源的责任。“三重绩效”理论认为，企业不能只注重其自身经济价值的增加，同时还要关注增加或破坏的社会和生态价值，并关注其利益相关者的不同需求，研究企业绩效应该从传统的经济层面推广到社会和环境层面。企业要实现可持续发展，必须以利益相关者的需求为导向，追求经济绩效、环境绩效和社会绩效的协调发展。

管理层权力与生态绩效之间存在正相关关系的可能解释是，在政府重视生态环境保护与社会媒体信息披露的当前发展条件下，管理层不得不作出节能减排、加大环保资金投入等决策，追求企业生态绩效的发展。结构性权力意味着董事长与总经理两职分离或合一，分离有助于提高董事会的独立性；而董事长与总经理两职合一则易形成统一的决策，有助于企业应对各种快速变化的环境，且执行力坚定，能够有效执行制定的企业发展决策，因而得到结构性权力正向影响企业可持续发展绩效。本书实证得出，董事会的主要职责之一是作决策，监事会则主要负责监督，这也说明了董事会与监事会均有利于管理层权力的正确有效发挥，董事会规模与监事会规模均正向影响企业的可持续发展绩效。因此，企业家作为企业的管理者，需要利用好自身的管理层权力，有效地平衡各利益相关者的利益，最大可能的权衡企业的经济绩效、社会绩效和生态绩效，才能够促进企业长期稳定可持续发展。

6.1.3 制度环境在企业家精神与企业可持续发展绩效关系中的调节作用

对全样本数据的实证结果得出，制度环境在企业家精神与企业可持续发展绩效的关系中起负向调节效应。政府补助在企业家精神与企业可持续发展绩效的关系中起负向调节作用，这一结论可以通过熊彼特和鲍莫尔的企业家精神理论来加以解释。熊彼特强调政策是决定企业家行为的报酬因素，政策具有相当的重要性。对一个关注经济增长的社会而言，要想提高生产力和产量，关键在于以恰当回报的形式对生产性企业家的鼓励，经济增长需要依托企业才能实现。

鲍莫尔认为，企业家这一生产要素在生产性和非生产性行为之间的配置，要制定与企业家才能有关的合理政策，关键在于要找到那些可以阻止或防止企业家才能被用于非生产性用途的各种措施，激励人们更好地运用“企业家资源”。企业家是资源的配置者，当企业家意识到由于非均衡状态而存在套利机会时，它就会影响企业资源的配置。反过来，为了更好地追逐利润，企业家精神也会在不同经济和不同活动方式之间被重新配置。那些影响到企业家报酬的变化，同样会诱致企业家精神向非生产性企业活动的重新配置，这也是当前政府着力营造依法保护企业家精神发挥的各种环境，引导企业家创业创新、服务社会，以激发市场活力、实现经济社会持续健康发展的目的。

政府补助作为制度环境的一个构成部分，作为一项可预期的国家政策，初衷是有助于激励企业的创新投入，能有效促进企业研发出更多的新产品、新技术，促进创新成果的增加。政府补助起到了“挤出”效应，可能会诱使企业家将原本用于创新的资金转而投入到非生产领域，如回购本公司股票。政府补助在企业家精神与企业可持续发展绩效之间的关系中起到了负向调节的效应。

6.1.4 制度环境在管理层权力与企业可持续发展绩效关系中的调节作用

通过对全样本数据实证得出：制度环境在管理层权力与企业可持续发展绩效的关系中起负向调节作用。政府补助在管理层权力与企业可持续发展绩效的关系中起负向调节作用。管理层权力的发挥同样会受到制度环境的影响，胡明霞和干胜道（2015）认为，管理者因手中的权力过大而出现“内部人控制”的现象常有发生，谋取私利的渠道增多，利用自身优势，或进行“寻租”，或操纵企业盈余，或自定高额薪酬，制定出不利于企业发展的经营决策。王克敏等（2014）认为，以追求短期利益为目标的政府补助往往会干扰公司的生产经营，使其罔顾长期经营效率，盲目扩张，造成投资效率低下、产能过剩等一系列负面后果。“拔苗助长”式的政府补助会扰乱管理层利用其权力所作出的公司经营决策，对公司未来发展可能产生不利影响。生产经营活动的扭曲，会导致企业无法获得持续的经济绩效，可能会造成企业可持续发展绩效的下降，政府补助在管理层权力和企业可持续发展绩效之间的关系。市场化程度越高，管理层所面临的外部监督的舆论压力就会越大，企业家在运用所拥有的管理层权力作出决策就会越慎重，从而越可能作出有利于企业经济绩效、社会绩效和生态绩效平衡发展的决策。因此，制度环境在管理层权力与企业可持续发展绩效之间起到负向调节效应。

然而，当使用国有企业样本与民营企业样本数据分别进行检验时却得到，与国有企业不同的是，在民营企业中，政府补助在管理层权力与企业可持续发展绩效之间起到正向调节作用。这表明在民营企业中，政府补助在管理层权力与企业可持续发展绩效之间的关系中起较为显著的正向调节作用。高的政府补助会增强管理层权力与企业可持续发展绩效间的关系，低政府补助会削弱管理层权力与企业可持续发展绩效之间的关系。换句话说，管理层权力对企业可持续发展绩效产生的正向影响在高的政府补助中更为强烈。这也在某种程度上意味着，国家将政府补贴资金投入到民营企业，比投入到国有企业，对于提升企业可持续发展绩效的效果可能会更好，当然，这一政策方向需要得到进一步的验证。

6.2 理论贡献与实践启示

6.2.1 理论贡献

本书具有以下理论贡献。

首先，本书检验了企业家精神理论、企业生命周期理论、委托代理理论、管理层权力理论、资源基础理论和可持续发展理论在我国企业的适用性。

本书在中国情境下，检验了这些理论的有效性。熊彼特和鲍莫尔的企业家精神理论能够解释我国企业家精神的现状，当政府和企业制定出合理的政策时，将会引导企业家精神向生产性活动中配置，有利于企业的发展和整体经济的增长。企业生命周期理论表明，在企业不同的生命周期阶段，企业家精神的内容和管理层权力的发挥功能也会不同。委托代理理论中委托代理关系、管理层权力理论中的权力寻租的现象在我国企业运作中同样存在，如何设计出一套完善的激励与约束机制，来有效激励与约束作为代理人的企业家或管理层的经营行为，使其将资源配置到有利于企业长远发展的活动中去，依然重要。资源基础理论认为，企业是各种资源的集合体，企业所拥有的特殊的、异质性的资源决定了企业竞争力的差异。企业家精神是一个企业所具有的异质性的稀缺资源，这种扎根在企业家身上的资源具有不可模仿性，企业家精神对一个企业的可持续发展具有不可估量的价值。每个企业都有可持续发展的愿景，问题是企业能否可持续发展，盈利能力已不再是唯一的制胜利器，在盈利的基础上，履行社会责任和生态环境的保护责任，产生正的外部效应，才能永续发展，可持续发展理论仍然能够对本书的结论进行解释。

其次，本书深入剖析和实证研究了企业家精神、管理层权力对企业可持续发展绩效的影响，拓宽了研究的范围，丰富了该领域的研究内容，将研究向前推进一步。

尽管已有研究对企业家精神、管理层权力及可持续发展分别做了较为详尽的研究，但研究领域的单一，使研究结果难以揭示出企业家精神对企业可持续发展绩效的运用、管理层权力的有效运用对提升企业可持续发展绩效的益处。并且已有的研究主要是企业家精神与企业财务绩效或经济绩效之间的关系，即便是有学者研究企业家精神对企业可持续发展的影响，也仅选用了财务指标的影响，并没有体现在当今发展环境中所重视的非财务指标的影响，非财务指标也能在一定程度上反映一个是否具有可持续的发展空间与前景。同样，已有研究主要是研究管理层权力与企业绩效或企业成长性之间的关系。本书在已有研究的基础上，将对企业财务绩效或经济绩效的研究拓展到企业的社会绩效和生态绩效，即综合研究企业家精神、管理层权力分别对企业可持续发展绩效的影响。

最后，本书给出了企业家精神和企业可持续发展绩效在理论上的定义，测量指标的创新丰富了企业家精神理论和可持续发展理论的评价体系。

本书认为，企业家精神是企业家所具备的能力与精神的高度概括，是企业家根据所处的发展环境，在对企业内外部信息甄别中及时发现商业机会的能力，充分利用所拥有的资源，实施创新的精神，在企业内部具有创业精神，具备承担风险的精神、坚守精神和责任担当的精神。该定义，一方面，突出了企业家在所处环境中对信息甄别的重要性，通过辨别信息，找出市场机会；另一方面，除了包含企业家的创业精神、创新精神和冒险精神，也增加了企业家的坚守精神和企业家责任担当的精神。在对企业家创新精神的测量中，尝试新增了两个测量指标科技创新奖和新立项项目，在企业家冒险精神的测量中，尝试采用风险投资项目来衡量，补充了现有的文献。通过观察所选样本企业在披露年度报告时，强调其科技创新奖和新立项项目，科技创新奖在一定程度上表明了一个企业的创新能力，有的公司将新立项项目也称之为新研发项目。本书也因此受到启发，将新立项项目尝试加入研究之中。本书的新测量指标代表了对当前测量的改进，虽然新指标并不完美，但这项研究代表了对文献的贡献。

本书发现，企业可持续发展绩效是企业在追求自身经济绩效最大化的同时，注重社会绩效和生态环境绩效，保护企业全体利益相关者的利益，实现企业的可持续发展。该定义表明，企业发展应与时俱进，企业应当突破过去固有的利润最大化观念，以追求利润最大化为企业目标，同时兼顾社会效益和生态效益，实现企业的多方面价值。在对企业可持续发展绩效的测量中，本书在社会绩效和生态绩效中的测量指标均受到企业年度报告、企业社会责任报告和企业可持续发展报告中披露内容的启示，在已有研究的基础上有了一定的突破，丰富了企业可持续发展绩效的理论评价体系。

6.2.2 实践启示

本书在弘扬企业家精神、规范管理层权力运用与倡导企业可持续发展等方面具有以下实践启示。

第一，企业应当认识并高度重视企业家精神的作用。

企业不应当只把企业家当成完成日常管理事务的管理者对待，应当认识到，企业家精神是企业核心竞争力的重要组成部分，并决定了企业发展的高度。企业家精神的主体是企业家。企业家是企业的异质性稀缺资源，企业家依据其拥有的异质性人力资本而在企业生产经营中占据主导地位，而且这种异质性资源会成为企业利润的真正来源。企业家所具有的独特性与难以被模仿的异质性资源，一般是通过企业家的创新活动来实现的。企业家创新精神是企业家精神的核心，企业家的创新并不仅限于通过产品创新、技术创新、市场创新来实现，还可以通过企业文化创新、组织形式创新、组织制度创新、商业模式创新等多种方式释放创新活力，以塑造企业的核心竞争力与控制力，在激烈的市场竞争中取胜。

企业家除了应最大限度地发挥其创新精神、创业精神和冒险精神外，还应当具有追求卓越的精神，传承工匠精神，把企业做大做强做久，而这种工匠精神则是当前我国大多数企业的企业家所不具备的。实践中的企业难以成为百年老店，曾经优秀的企业也可能是昙花一现，这种普遍的现象说明了企业应当高度重视企业家精神的关键作用，激发企业家精神，促进企业家的战略思维、创新精神、创业精神、精益求精精神等有效的发挥。

第二，正面引导企业家精神，保护和培育企业家精神，强化责任担当，促进企业的永续发展。

企业家精神在微观层面促进企业成长，在宏观层面促进整体经济增长。本书发现，企业家精神对企业可持续发展绩效产生正向影响，而企业家精神维度中的创新精神对企业经济绩效产生积极的影响，冒险精神对经济绩效产生负向影响，却促进了社会绩效和生态绩效的提升。这些结论表明了，一方面，国家通过营造有利于企业家精神发挥的各种制度环境，如保护企业家合法权益的法治环境，保护企业家创新权益和财产权等；创造有利于企业家有序竞争、公平的市场环境与社会环境，营造鼓励创新、宽容失败的创新文化，提供企业家创业的金融支持，并切实实施，从而对企业家精神进行正面引导和保护，让企业家精神配置更多地流向生产性活动中。另一方面，企业也要打造有利于企业家精神发挥的内部环境，完善企业内部激励机制，按企业家的贡献分配其所得。通过国家与企业的共同努力，坚定企业家信心，稳定企业家预期，培育企业家精神，充分挖掘企业家的潜能。作为掌握企业命脉的企业家，也应有责任担当，充分发挥其具有的企业家精神，努力经营好企业，实现企业家的自身价值，为企业创造最大价值。在释放企业活力的同时，平衡协调企业的经济绩效、社会绩效和生态绩效之间的利益关系，促进企业的永续发展，并为经济发展做出贡献。

第三，完善公司治理结构与企业激励机制，规范管理层权力的运用，促进企业可持续发展。

本书发现，企业家所拥有的管理层权力在企业的可持续发展中起到了重要的作用。然而，也有学者认为管理层权力对企业的财务绩效产生负向影响，管理层权力与公司治理结构相关，这也从侧面揭示了公司治理结构的不完善。

公司治理涉及权力的安排，在企业内部则是委托人如何授权给代理人并对代理人进行监督的方式。公司治理结构涉及对经营者的激励与约束、经营管理决策权的配置。在现代企业治理结构下，企业的所有者是委托人，负责企业日常经营管理的管理者是代理人，企业家可能是所有者，也可能是代理人。如果企业家是代理人，则不可避免地与所有者之间存在利益冲突。当管理者拥有权力集中时，既能够及时作出应对市场变化或抓住市场机会的决策，也可能会滋生出权力寻租、谋取私利的动机，需要从完善公司治理结构与企业激励机制的角度对企业家或管理者进行激励与监督。

本书认为，完善公司治理结构，可以从以下三个方面进行。

（1）优化结构性权力，选择合适的董事长与总经理。结构性权力是采用董事长与总经理是否两职合一来衡量的。在现代公司治理中，董事长与总经理是两个最重要的职务与角色，掌握着决策的权力，对企业的实际运作会产生很重要的影响。在研究中发现，我国企业的董事长与总经理两职合一的不多，较多的企业都是分别担任董事长、副董事长或总经理。两职合一的优点在于，既能加强与董事会的联系，增强管理层对企业的责任，又能提高决策的效率，抓住稍纵即逝的市场机会，应对市场的变化。如果是两职分设，则董事长与总经理各自代表不同的利益层：董事长代表委托方的利益，其职责是负责运作董事会。董事会的职能之一是对总经理进行监督，总经理代表代理方，代表的是经营者的利益。在两职分设的环境中，董事长与总经理可能会存在权力冲突。两职分离的益处在于，既可以防止权力过大，起到管理层内部互相制衡的作用，减少谋取私利的动机和行为，也有利于董事长与总经理发挥各自的专长，把时间和精力投入到企业发展的新业务或新领域中去，增加企业的创新活动，提高企业的可持续发展绩效。在企业实际运作中，是选择合一，还是选择分设，既要考虑企业的代理成本问题，也要考虑能否找到最合适的人选，如市场经营理念、管理风格与价值观都一致的董事长和总经理。

（2）确定合适的董事会规模，完善并切实执行董事会制度。研究发现，董事会规模积极影响企业的可持续发展绩效，这一结论启示给企业确定合适的董事会人数，完善董事会制度并执行，对企业可持续发展绩效的提升具有比较重要的意义。在互联网时代，信息较为透明，一个企业很容易查询到那些优秀企业的董事会构成及制度并进行借鉴。董事会是公司治理结构的核心组成部分，在董事会构成上，企业应不断吸收具有开拓精神的管理人才加入董事会，建立高绩效管理人才团队，更好发挥管理决策作用。董事会的主要职责之一是保持独立董事的独立性，使独立董事不是形同虚设，而是使其真正能够发挥应有的监督功能。

（3）确定监事会构成，强化监事会的监督机制。研究中发现，监事会规模对企业可持续发展绩效产生积极影响。监事会人数的设立与监督的实施对企业可持续发展绩效的提高具有比较重要的意义。在企业报告中可以看到，企业一般设3名监事，少数企业最多达到7名监事，在监事会成员构成中，多数企业设立了职工监事。在企业经营中，监事会实际上可能只是流于形式，难以发挥其监督职能，无法有效监督董事和经理层。因此，在监事会成员的构成上，企业需要严格选聘引入企业外部的利益相关者进入监事会，以消除企业大股东监事与高管监事的影响。企业应明确界定监事会与董事会各自的职权，消除董事会与监事会权利并行的做法，提高监事会的地位与权利，强化监事会的监督机制，使监事真正起到有效监督的作用，促进管理层权力正确有效地发挥，为企业发展服务。

本书认为，企业除了完善公司治理结构外，还需要完善内部的激励机制，按企业家的贡献进行分配，并对企业家实施股权、期权与增值权长期激励。在企业年度报告中发现，对管理层实施股权激励的企业并不是很多。股权激励作为一种长期激励，可以和期权、增值权一起使用，企业家的收益如果能和所经营企业的收益相挂钩，它将激励企业家作出对企业长远发展的资源配置或生产经营决策。

需要说明的是，任何一种公司治理手段在采取时都需要审时度势、量体裁衣。对管理层的激励措施只是公司治理的一种手段，并不能代替选任、监督等策略，公司治理的各种手段综合运用才可能会取得更好的效果。企业需要完善企业的公司治理结构，综合运用各种治理手段，规范管理层权力的运用，对管理层进行有效地监督，尽可能地减少权力寻租现象，作出有利于提高企业可持续发展绩效的资源配置决策，促进企业的经济绩效、社会绩效和生态绩效的均衡发展。

当然，在企业处于生命周期的不同阶段，企业家精神的内容和管理层权力的功能也会不同。如在创业期，企业家的创业精神、冒险精神和创新精神都很重要，通过创新打开市场，企业家运用其敏锐的洞察力在市场信息中发现商业机会，敢于投资一些项目，获取收益，使企业在市场上获得一定的地位；企业的发展期，在持续发挥企业家创新精神的同时，企业应当强调规范运作，以免管理失控，管理层权力的发挥显得重要；在成熟期的企业，持续发挥企业家的创新精神十分重要，团队精神同样重要，管理层需要运用其权力构建团队精神，增强凝聚力，形成企业的向心力；处于衰退期的企业，企业家应突破原有的企业发展模式，寻求熊彼特式的创新，在创新中发展，但事实上，对于一些企业来说，要做到这一点，可能存在难度。

综上所述，企业要与时俱进求发展，需要企业家具有与时俱进的思维，最大限度地发挥其所具有的企业家精神，企业家在经营管理企业的过程中也应当规范运用所拥有的管理层权力，不仅为企业的持续成长、经济增长做出贡献，而且要考虑到利益相关者之间的关系，履行社会责任，创造企业的社会绩效，还能够创造生态绩效，创造正的外部效应，为人类赖以生存的环境做出应有的贡献，实现共赢。

6.3 研究的不足与未来展望

尽管本书力求尽可能深入而全面地考察企业家精神、管理层权力对企业可持续发展绩效的影响，分析制度环境在其中的调节效应，但本书可能还存在以下局限：

第一，本书主要关注的是企业家精神对企业可持续发展绩效的影响，及制度环境在企业家精神与企业可持续发展绩效之间关系的调节效应，并控制了行业与地区变量。从宏观上测量企业家精神，采用不同地区样本企业的年度报告、社会责任报告及可持续发展报告中的实际运用数据进行研究。企业家精神实际上是个潜变量，具有不能直接观测的特性。未来本书将采用问卷调查的方式，加入相关的中介变量通过结构方程模型的方法实践出来。在本书对企业家精神的定义中，除了包含企业家的创业精神、创新精神和冒险精神，也增加了企业家的坚守精神和企业家担当责任的精神，鉴于数据的可获得性，本书也没能对企业家的坚守精神和担当责任的精神作出测量，在未来研究中，本书将采用对企业家进行访谈等形式取得数据，进一步研究。

第二，本书所用的管理层权力变量，构建了结构性权力、董事会规模及监事会规模 3 个维度。虽然对管理层权力进行了测量，但未能将权力因素从公司治理因素中完全剥离出来，且有可能遗漏其他权力构成因素，未来研究中将进一步探索。

第三，在制度环境的衡量中，本书主要借鉴了现有研究的通常做法，采用政府补助的指标。但这项指标能否准确度量企业所面临市场化改革中的动态变迁环境，限于研究的范围，本书没能给出相应答案，有待于未来进一步研究。

附　　录

附表 1-1　　　　　　　　2016 年度样本企业

证券代码	名称	企业性质	行业	地区	创业精神	创新精神（个）	冒险精神（个）	结构性权力
600028. SH	中国石化	国企	石油石化	北京	0. 006	3942	4	2
600740. SH	山西焦化	国企	石油石化	山西	0. 396	6	3	2
600792. SH	云煤能源	国企	石油石化	云南	0. 739	33	9	2
600997. SH	开滦股份	国企	石油石化	河北	0. 218	3	9	2
000708. SZ	大冶特钢	国企	冶金工业	湖北	0. 388	6	1	2
000878. SZ	云南铜业	国企	冶金工业	云南	0. 200	63	2	2
000898. SZ	鞍钢股份	国企	冶金工业	辽宁	0. 032	510	9	3
600808. SH	马钢股份	国企	冶金工业	安徽	0. 053	171	3	3
000630. SZ	铜陵有色	国企	冶金工业	安徽	0. 137	287	2	3
000807. SZ	云铝股份	国企	冶金工业	云南	0. 241	104	12	3
002460. SZ	赣锋锂业	民营	冶金工业	江西	0. 565	47	11	1
600010. SH	包钢股份	国企	冶金工业	内蒙古	0. 067	2	5	1
600459. SH	贵研铂业	国企	冶金工业	云南	1. 446	125	4	2
600126. SH	杭钢股份	国企	冶金工业	浙江	0. 778	33	4	2
000932. SZ	华菱钢铁	国企	冶金工业	湖南	0. 070	81	8	3
002167. SZ	东方锆业	民营	冶金工业	广东	1. 404	13	12	2
600019. SH	宝钢股份	国企	冶金工业	上海	0. 075	640	1	2
002149. SZ	西部材料	国企	冶金工业	陕西	0. 777	44	5	3
600418. SH	江淮汽车	国企	机械工业	安徽	0. 073	1764	9	2
600104. SH	上汽集团	国企	机械工业	上海	0. 014	4687	17	2
000595. SZ	宝塔实业	民营	机械工业	宁夏	2. 044	23	1	2
000333. SZ	美的集团	民营	机械工业	广东	0. 001	4432	6	1
002594. SZ	比亚迪	民营	机械工业	广东	0. 010	1020	2	1
002434. SZ	万里扬	民营	机械工业	上海	0. 473	45	14	3

续表

证券代码	名称	企业性质	行业	地区	创业精神	创新精神（个）	冒险精神（个）	结构性权力
000519. SZ	中兵红箭	国企	机械工业	湖南	0. 134	202	14	2
601177. SH	杭齿前进	国企	机械工业	浙江	0. 737	87	5	2
002665. SZ	首航节能	民营	机械工业	北京	1. 287	10	5	2
600619. SH	海立股份	国企	机械工业	山西	0. 274	132	13	3
600529. SH	山东药玻	国企	机械工业	山东	0. 299	40	6	3
000821. SZ	京山轻机	民营	机械工业	湖北	0. 789	51	12	1
600031. SH	三一重工	民营	机械工业	北京	0. 196	414	14	2
600869. SH	智慧能源	民营	机械工业	青海	0. 266	181	8	2
300551. SZ	古鳌科技	民营	机械工业	上海	1. 665	22	2	1
600690. SH	青岛海尔	民营	机械工业	山东	0. 021	4233	2	1
000806. SZ	银河生物	民营	机械工业	广西	0. 729	217	11	2
000868. SZ	安凯客车	国企	机械工业	安徽	0. 376	5	6	2
600006. SH	东风汽车	国企	机械工业	湖北	0. 068	198	16	3
300483. SZ	沃施股份	民营	机械工业	上海	2. 611	28	2	1
600139. SH	西部资源	民营	机械工业	四川	0. 776	42	4	1
000425. SZ	徐工机械	国企	机械工业	江苏	0. 141	1049	1	1
002613. SZ	北玻股份	国企	机械工业	河南	0. 695	85	12	2
600150. SH	* ST 船舶	国企	机械工业	上海	0. 234	7	2	2
000697. SZ	炼石航空	民营	机械工业	陕西	6. 000	2	3	1
600398. SH	海澜之家	民营	轻工工业	江苏	0. 078	28	4	3
000858. SZ	五粮液	国企	轻工工业	四川	0. 067	463	3	3
600084. SH	中葡股份	国企	轻工工业	新疆	3. 093	2	3	2
603919. SH	金徽酒	民营	轻工工业	甘肃	1. 049	3	21	1
601718. SH	际华集团	国企	轻工工业	北京	0. 067	570	14	2
601163. SH	三角轮胎	民营	化学工业	山东	0. 411	173	2	3
002064. SZ	华峰氨纶	民营	化学工业	浙江	0. 775	102	3	2
002585. SZ	双星新材	民营	化学工业	江苏	1. 549	22	7	1
002588. SZ	史丹利	民营	化学工业	山东	0. 369	172	1	2
000422. SZ	* ST 宜化	国企	化学工业	湖北	0. 191	3	7	1
600075. SH	新疆天业	国企	化学工业	新疆	0. 641	74	11	2

续表

证券代码	名称	企业性质	行业	地区	创业精神	创新精神（个）	冒险精神（个）	结构性权力
600470. SH	六国化工	国企	化学工业	安徽	0. 455	31	5	3
600500. SH	中化国际	国企	化学工业	上海	0. 083	66	15	2
603077. SH	和邦生物	民营	化学工业	四川	0. 346	14	5	2
000683. SZ	远兴能源	民营	化学工业	内蒙古	0. 371	9	6	2
603188. SH	亚邦股份	民营	化学工业	江苏	0. 493	13	3	2
600691. SH	阳煤化工	国企	化学工业	山西	0. 122	49	24	2
601618. SH	中国中冶	国企	建筑业	北京	0. 018	3036	10	3
600496. SH	精工钢构	民营	建筑业	安徽	0. 319	82	7	2
601117. SH	中国化学	国企	建筑业	北京	0. 036	406	2	2
002163. SZ	中航三鑫	国企	建筑业	广东	0. 469	46	2	3
000928. SZ	中钢国际	国企	建筑业	吉林	1. 271	76	4	2
600671. SH	天目药业	民营	医药工业	浙江	3. 390	11	6	2
603456. SH	九洲药业	民营	医药工业	浙江	0. 607	34	3	3
000538. SZ	云南白药	国企	医药工业	云南	0. 262	32	16	3
002370. SZ	亚太药业	民营	医药工业	浙江	1. 786	9	3	2
000153. SZ	丰原药业	国企	医药工业	安徽	0. 370	17	4	2
000952. SZ	广济药业	国企	医药工业	湖北	1. 330	12	1	2
600285. SH	羚锐制药	民营	医药工业	河南	0. 913	4	3	2
600129. SH	太极集团	国企	医药工业	重庆	0. 216	78	16	2
600079. SH	人福医药	民营	医药工业	湖北	0. 146	280	12	2
600267. SH	海正药业	国企	医药工业	浙江	0. 117	95	8	2
300233. SZ	金城医药	民营	医药工业	山东	0. 417	28	3	2
600781. SH	辅仁药业	民营	医药工业	河南	1. 130	6	4	1
000788. SZ	北大医药	国企	医药工业	重庆	2. 303	7	1	3
600980. SH	北矿科技	国企	电子工业	北京	3. 697	68	3	2
002052. SZ	同洲电子	民营	电子工业	广东	2. 122	9	1	3
002618. SZ	丹邦科技	民营	电子工业	广东	0. 967	19	3	1
600839. SH	四川长虹	国企	电子工业	四川	0. 035	1695	7	2
000100. SZ	TCL 集团	国企	电子工业	广东	0. 024	1946	3	1
000875. SZ	吉电股份	国企	电力热力燃气工业	吉林	0. 891	4	23	2

续表

证券代码	名称	企业性质	行业	地区	创业精神	创新精神（个）	冒险精神（个）	结构性权力
601985. SH	中国核电	国企	电力热力燃气工业	北京	0. 001	188	12	3
000876. SZ	新希望	民营	食品工业	四川	0. 036	391	3	1
600429. SH	三元股份	国企	食品工业	北京	0. 223	40	3	2
600188. SH	兖州煤业	国企	煤炭工业	山东	0. 032	171	5	3
000937. SZ	冀中能源	国企	煤炭工业	河北	0. 057	133	11	2
600704. SH	物产中大	国企	批发业和零售业	浙江	0. 099	9	10	3
600293. SH	三峡新材	民营	批发业和零售业	湖北	0. 661	14	1	2
600292. SH	远达环保	国企	社会服务业	重庆	1. 906	37	7	2
300550. SZ	和仁科技	民营	信息技术服务业	浙江	2. 362	4	1	1
600406. SH	国电南瑞	国企	信息技术服务业	江苏	0. 814	215	2	2
600371. SH	万向德农	民营	农林牧渔业	黑龙江	4. 633	91	2	2
000998. SZ	隆平高科	民营	农林牧渔业	湖南	1. 779	104	1	2

附表 1 – 2　　　　2016 年度样本企业

董事会规模（人）	监事会规模（人）	经济绩效（分）	社会绩效（分）	生态绩效（分）	政府补助（元）
10	7	25	7	9	12900000000. 00
9	7	18	5	9	33767461. 13
9	3	17	8	8	253631863. 77
9	5	25	9	10	52868497. 09
9	5	27	7	6	47873710. 00
11	5	17	11	11	102762155. 84
7	3	21	12	10	660000000. 00

续表

董事会规模（人）	监事会规模（人）	经济绩效（分）	社会绩效（分）	生态绩效（分）	政府补助（元）
7	3	18	10	14	295347237.00
13	7	17	11	10	162187214.03
11	5	15	9	9	34908161.65
8	3	27	7	4	35580715.91
15	3	13	5	8	759982330.47
7	3	27	9	5	97848107.67
9	3	24	4	7	17033177.86
9	5	11	10	10	168811494.60
9	3	17	5	7	8340312.68
9	5	24	15	15	540330924.51
12	2	21	6	1	138860343.52
12	5	20	7	5	3985003866.50
7	5	23	12	6	4240303997.20
11	3	17	7	3	13646177.96
9	3	26	10	5	1349217.00
6	5	19	11	10	2165649000.00
9	3	24	8	5	39887339.58
9	5	19	6	2	51933451.85
9	5	13	9	6	29213688.04
9	3	18	5	3	53144498.92
9	3	20	13	13	60126857.93
9	3	24	3	3	5419515.81
9	5	23	6	1	9638945.40
9	3	16	7	2	1123587.00
11	6	22	8	1	102282847.80
9	3	23	3	1	17645300.88
11	3	21	9	10	848555944.77
7	6	21	7	1	13870083.44
11	3	17	4	1	2091979312.50

续表

董事会规模（人）	监事会规模（人）	经济绩效（分）	社会绩效（分）	生态绩效（分）	政府补助（元）
8	3	17	10	8	168513427.28
7	3	22	4	1	7977312.18
5	3	11	6	1	17653669.54
7	6	18	9	7	117264095.65
9	3	19	5	1	7861460.36
15	7	12	5	1	339544232.22
7	3	13	2	3	24678025.53
9	3	22	7	1	19743116.52
7	5	26	11	10	122177183.09
12	3	15	6	1	1880284.45
11	3	24	8	2	9995464.32
9	5	27	7	6	735762455.84
9	5	24	9	5	25082171.49
9	5	16	11	10	63336751.12
7	3	21	4	1	27001458.00
5	5	24	4	1	78306039.57
11	4	3	7	7	154840443.26
8	5	24	5	3	18515095.30
8	3	8	5	4	32749975.24
7	3	14	7	8	309629186.74
9	4	21	3	5	22360161.81
9	3	12	5	6	11930741.04
9	3	25	8	9	6946629.52
9	5	4	8	7	86636687.21
7	3	15	9	10	927286000.00
9	3	13	8	5	10206563.27
7	2	16	9	10	103217296.48
9	5	10	3	1	42479024.62
7	3	21	4	4	10147927.91

续表

董事会规模（人）	监事会规模（人）	经济绩效（分）	社会绩效（分）	生态绩效（分）	政府补助（元）
9	3	10	6	4	15086193.12
10	3	20	5	3	24652841.28
11	5	24	9	8	132802651.75
9	3	21	6	3	8502660.93
9	3	17	6	1	152118057.10
8	3	18	8	8	10381185.31
9	3	26	7	4	11625162.89
15	7	14	7	2	51735763.71
9	5	18	5	8	287335126.35
9	7	11	10	14	144685313.88
9	3	22	6	9	31440100.51
7	3	9	5	1	20949835.21
9	5	17	3	1	894700.00
9	5	21	6	2	9241972.12
8	3	10	6	1	16453054.52
5	3	15	5	2	3132249.43
9	5	16	8	1	270031283.10
12	3	17	10	4	6244393.00
8	4	10	4	4	39671042.33
9	6	17	8	1	2412412634.70
9	4	22	12	7	113829208.65
9	3	19	10	11	146694288.54
11	6	24	12	10	92382000.00
9	7	21	8	10	467973587.23
11	5	21	12	5	164100365.34
9	3	24	7	5	4350835.57
15	5	10	4	5	33089878.72
7	3	24	2	1	17251934.12
12	6	26	6	2	312751903.43

续表

董事会规模（人）	监事会规模（人）	经济绩效（分）	社会绩效（分）	生态绩效（分）	政府补助（元）
9	3	19	8	1	3170472. 76
14	5	23	7	1	38651815. 32

附表 2－1　　　　2017 年度样本企业

证券代码	名称	企业性质	行业	地区	创业精神	创新精神（个）	冒险精神（个）	结构性权力
000698. SZ	沈阳化工	国企	石油石化	辽宁	0. 590	7	3	3
601857. SH	中国石油	国企	石油石化	北京	0. 006	2005	3	2
600028. SH	中国石化	国企	石油石化	北京	0. 004	3653	6	2
002076. SZ	雪莱特	民营	机械工业	广东	0. 633	60	3	3
300318. SZ	博晖创新	民营	机械工业	北京	1. 059	17	3	1
000816. SZ	＊ST 慧业	民营	机械工业	江苏	0. 613	32	2	1
600169. SH	太原重工	国企	机械工业	山西	0. 259	132	4	3
601989. SH	中国重工	民营	机械工业	北京	0. 052	370	7	3
000806. SZ	银河生物	民营	机械工业	广西	0. 635	142	9	1
300156. SZ	神雾环保	民营	机械工业	北京	1. 602	174	4	3
300090. SZ	盛运环保	民营	机械工业	安徽	0. 577	32	1	3
000519. SZ	中兵红箭	国企	机械工业	湖南	0. 158	219	11	3
002363. SZ	隆基机械	民营	机械工业	山东	0. 365	4	1	1
002580. SZ	圣阳股份	民营	机械工业	山东	1. 044	10	1	2
002668. SZ	奥马电器	民营	机械工业	广东	0. 154	21	5	1
002722. SZ	金轮股份	民营	机械工业	江苏	0. 911	31	5	3
002733. SZ	雄韬股份	民营	机械工业	广东	0. 406	9	6	1
002922. SZ	伊戈尔	国企	机械工业	广东	0. 421	52	4	3
300032. SZ	金龙机电	民营	机械工业	浙江	0. 089	24	1	3
300045. SZ	华力创通	民营	机械工业	北京	2. 486	48	2	3
300280. SZ	紫天科技	民营	机械工业	江苏	2. 394	26	1	3
300317. SZ	珈伟新能	民营	机械工业	广东	0. 664	27	2	2
300411. SZ	金盾股份	民营	机械工业	浙江	1. 464	28	2	3

续表

证券代码	名称	企业性质	行业	地区	创业精神	创新精神（个）	冒险精神（个）	结构性权力
300510. SZ	金冠股份	民营	机械工业	吉林	1. 535	45	8	1
002787. SZ	华源控股	民营	机械工业	江苏	0. 737	44	1	3
300695. SZ	兆丰股份	国企	机械工业	浙江	1. 598	112	3	1
600475. SH	华光股份	国企	机械工业	江苏	0. 395	73	10	3
600526. SH	菲达环保	国企	机械工业	浙江	0. 690	53	9	3
601369. SH	陕鼓动力	国企	机械工业	陕西	0. 688	20	10	3
603500. SH	祥和实业	国企	机械工业	浙江	3. 937	2	3	3
603601. SH	再升科技	民营	机械工业	重庆	1. 375	11	10	1
000821. SZ	京山轻机	民营	机械工业	湖北	0. 872	37	2	1
002088. SZ	鲁阳节能	民营	机械工业	山东	0. 725	29	10	3
002223. SZ	鱼跃医疗	民营	机械工业	江苏	0. 474	26	8	1
002242. SZ	九阳股份	民营	机械工业	山东	0. 608	268	3	1
002276. SZ	万马股份	民营	机械工业	浙江	0. 310	33	8	3
002097. SZ	山河智能	民营	机械工业	湖南	0. 402	39	2	3
002418. SZ	康盛股份	民营	机械工业	浙江	0. 337	181	2	2
002443. SZ	金洲管道	民营	机械工业	浙江	0. 966	62	3	3
002498. SZ	汉缆股份	民营	机械工业	山东	0. 811	26	9	3
002708. SZ	光洋股份	民营	机械工业	江苏	0. 485	104	5	3
300279. SZ	和晶科技	民营	机械工业	江苏	1. 004	16	6	1
300715. SZ	凯伦股份	国企	机械工业	江苏	2. 174	13	2	3
601218. SH	吉鑫科技	民营	机械工业	江苏	1. 457	16	14	2
603809. SH	豪能股份	国企	机械工业	四川	0. 912	167	2	3
002318. SZ	久立特材	民营	机械工业	浙江	0. 444	34	6	1
300040. SZ	九洲电气	民营	机械工业	黑龙江	1. 650	15	2	3
002559. SZ	亚威股份	民营	机械工业	江苏	0. 967	47	3	1
002615. SZ	哈尔斯	民营	机械工业	浙江	0. 296	175	2	3
002723. SZ	金莱特	民营	机械工业	广东	0. 630	49	1	3
601882. SH	海天精工	民营	机械工业	浙江	0. 993	70	3	3
000856. SZ	冀东装备	国企	机械工业	河北	0. 987	21	1	3

续表

证券代码	名称	企业性质	行业	地区	创业精神	创新精神（个）	冒险精神（个）	结构性权力
300272. SZ	开能健康	民营	机械工业	上海	0. 751	24	6	3
002080. SZ	中材科技	国企	机械工业	江苏	0. 115	257	6	3
300304. SZ	云意电气	民营	机械工业	江苏	1. 786	73	8	3
000877. SZ	天山股份	民营	机械工业	新疆	0. 233	45	2	3
002272. SZ	川润股份	民营	机械工业	四川	1. 292	27	1	1
300024. SZ	机器人	国企	机械工业	辽宁	0. 771	49	3	2
300007. SZ	汉威科技	民营	机械工业	河南	0. 649	53	2	3
600268. SH	国电南自	国企	机械工业	江苏	0. 512	287	4	3
600560. SH	金自天正	国企	机械工业	北京	5. 869	22	1	3
600819. SH	耀皮玻璃	国企	机械工业	上海	0. 547	124	3	3
600841. SH	上柴股份	国企	机械工业	上海	0. 818	10	3	3
600801. SH	华新水泥	国企	机械工业	湖北	0. 152	7	2	3
300173. SZ	智慧松德	民营	机械工业	广东	2. 783	19	3	3
601633. SH	长城汽车	民营	机械工业	河北	0. 025	752	8	2
600192. SH	长城电工	国企	机械工业	甘肃	0. 369	101	1	3
600876. SH	洛阳玻璃	国企	机械工业	河南	2. 319	14	3	3
002428. SZ	云南锗业	民营	冶金工业	云南	0. 936	19	8	1
000923. SZ	河北宣工	民营	冶金工业	河北	0. 358	5	2	3
002203. SZ	海亮股份	民营	冶金工业	浙江	0. 190	341	4	1
600295. SH	鄂尔多斯	民营	冶金工业	内蒙古	0. 066	30	1	1
600988. SH	赤峰黄金	民营	冶金工业	内蒙古	0. 608	12	27	3
000825. SZ	太钢不锈	国企	冶金工业	山西	0. 075	9	3	2
002082. SZ	万邦德	民营	冶金工业	浙江	0. 605	47	1	3
600010. SH	包钢股份	国企	冶金工业	内蒙古	0. 041	77	10	1
000709. SZ	河钢股份	国企	冶金工业	河北	0. 046	364	6	3
000831. SZ	五矿稀土	国企	冶金工业	陕西	2. 326	6	5	3
002160. SZ	常铝股份	民营	冶金工业	江苏	0. 890	10	2	3
600206. SH	有研新材	国企	冶金工业	北京	1. 021	176	2	3
601600. SH	中国铝业	国企	冶金工业	北京	0. 025	244	2	3

续表

证券代码	名称	企业性质	行业	地区	创业精神	创新精神（个）	冒险精神（个）	结构性权力
002378. SZ	章源钨业	民营	冶金工业	江西	0. 477	47	2	3
600420. SH	现代制药	国企	医药工业	上海	0. 147	68	6	3
300233. SZ	金城医药	民营	医药工业	山东	0. 648	42	6	2
600201. SH	生物股份	民营	医药工业	内蒙古	1. 151	27	1	1
600594. SH	益佰制药	民营	医药工业	贵州	0. 242	11	4	3
603566. SH	普莱柯	民营	医药工业	河南	1. 342	27	11	3
600479. SH	千金药业	国企	医药工业	湖南	0. 420	234	2	3
000153. SZ	丰原药业	民营	医药工业	安徽	0. 372	27	2	3
000908. SZ	景峰医药	民营	医药工业	湖南	0. 470	38	9	1
000766. SZ	通化金马	民营	医药工业	吉林	0. 676	21	1	3
600195. SH	中牧股份	国企	医药工业	北京	0. 439	17	8	3
300497. SZ	富祥股份	民营	医药工业	江西	1. 268	4	2	3
300463. SZ	迈克生物	民营	医药工业	四川	0. 862	284	5	3
300434. SZ	金石东方	民营	医药工业	四川	0. 789	8	4	1
300119. SZ	瑞普生物	民营	医药工业	天津	0. 715	34	1	1
000931. SZ	中关村	民营	医药工业	北京	0. 590	42	7	1
002370. SZ	亚太药业	民营	医药工业	浙江	1. 625	15	6	1
002020. SZ	京新药业	民营	医药工业	浙江	0. 535	28	3	3
600771. SH	广誉远	民营	医药工业	青海	0. 782	27	3	3
002393. SZ	力生制药	国企	医药工业	天津	0. 887	14	2	3
600420. SH	现代制药	国企	医药工业	上海	0. 154	43	6	3
300381. SZ	溢多利	民营	医药工业	广东	0. 580	18	13	1
000908. SZ	景峰医药	民营	医药工业	湖南	0. 470	39	5	1
000813. SZ	德展健康	国企	医药工业	新疆	2. 323	14	4	3
300347. SZ	泰格医药	民营	医药工业	浙江	0. 404	14	1	1
600887. SH	伊利股份	国企	食品工业	内蒙古	0. 030	111	5	1
600298. SH	安琪酵母	国企	食品工业	湖北	0. 259	242	1	3
002311. SZ	海大集团	民营	食品工业	广东	0. 106	61	1	1
600882. SH	广泽股份	民营	食品工业	上海	1. 016	7	2	1

续表

证券代码	名称	企业性质	行业	地区	创业精神	创新精神（个）	冒险精神（个）	结构性权力
601952. SH	苏垦农发	国企	食品工业	江苏	0. 152	206	6	3
603363. SH	傲农生物	国企	食品工业	福建	0. 444	100	5	1
600873. SH	梅花生物	民营	食品工业	西藏	0. 109	50	2	3
002100. SZ	天康生物	国企	食品工业	新疆	0. 679	13	4	3
601117. SH	中国化学	国企	建筑业	北京	0. 041	425	2	3
002135. SZ	东南网架	民营	建筑业	浙江	0. 374	55	1	3
002310. SZ	东方园林	民营	建筑业	北京	0. 326	121	5	11
002047. SZ	宝鹰股份	民营	建筑业	广东	0. 795	2	6	1
002663. SZ	普邦股份	民营	建筑业	广东	0. 729	32	2	3
600970. SH	中材国际	国企	建筑业	江苏	0. 243	250	2	3
300237. SZ	美晨生态	民营	建筑业	山东	0. 975	165	1	3
000589. SZ	黔轮胎 A	国企	化学工业	贵州	0. 246	164	2	3
002513. SZ	蓝丰生化	民营	化学工业	江苏	0. 938	17	1	3
002632. SZ	道明光学	民营	化学工业	浙江	1. 060	32	4	1
000887. SZ	中鼎股份	民营	化学工业	安徽	0. 087	22	3	3
002096. SZ	南岭民爆	国企	化学工业	湖南	0. 352	45	5	3
002450. SZ	康得新	民营	化学工业	江苏	0. 270	33	2	3
002919. SZ	名臣健康	国企	化学工业	广东	0. 845	12	2	1
300072. SZ	三聚环保	民营	化学工业	北京	0. 363	64	2	2
300200. SZ	高盟新材	民营	化学工业	北京	1. 862	16	1	2
300243. SZ	瑞丰高材	民营	化学工业	山东	2. 778	5	1	3
300478. SZ	杭州高新	民营	化学工业	浙江	2. 485	13	2	3
300481. SZ	濮阳惠成	民营	化学工业	河南	5. 221	4	7	1
600160. SH	巨化股份	国企	化学工业	浙江	0. 297	92	10	3
601216. SH	君正集团	民营	化学工业	内蒙古	0. 244	42	2	1
603227. SH	雪峰科技	国企	化学工业	新疆	0. 518	11	2	1
603260. SH	合盛硅业	国企	化学工业	浙江	0. 191	7	4	3
603378. SH	亚士创能	国企	化学工业	上海	0. 939	34	2	1
603630. SH	拉芳家化	国企	化学工业	广东	0. 420	23	1	1

续表

证券代码	名称	企业性质	行业	地区	创业精神	创新精神（个）	冒险精神（个）	结构性权力
002476. SZ	宝莫股份	民营	化学工业	山东	3. 208	13	4	3
300054. SZ	鼎龙股份	民营	化学工业	湖北	0. 699	61	6	3
300236. SZ	上海新阳	民营	化学工业	上海	3. 587	24	1	3
002895. SZ	川恒股份	国企	化学工业	贵州	1. 460	14	3	1
300637. SZ	扬帆新材	国企	化学工业	浙江	2. 937	44	2	3
600486. SH	扬农化工	国企	化学工业	江苏	1. 378	74	2	3
300072. SZ	三聚环保	民营	化学工业	北京	0. 363	64	2	2
600096. SH	云天化	国企	化学工业	云南	0. 194	27	14	3
000858. SZ	五粮液	国企	轻工工业	四川	0. 067	152	8	3
600356. SH	恒丰纸业	国企	轻工工业	黑龙江	0. 648	24	7	2
601718. SH	际华集团	国企	轻工工业	北京	0. 102	428	4	3
002763. SZ	汇洁股份	民营	轻工工业	广东	0. 197	8	2	1
300703. SZ	创源文化	国企	轻工工业	浙江	1. 212	21	1	1
002831. SZ	裕同科技	民营	轻工工业	广东	0. 068	14	1	1
603165. SH	荣晟环保	民营	轻工工业	浙江	1. 152	16	1	1
300115. SZ	长盈精密	民营	电子工业	广东	0. 067	276	5	3
000413. SZ	东旭光电	民营	电子工业	河北	0. 202	80	5	3
002402. SZ	和而泰	民营	电子工业	广东	0. 356	45	4	11
002475. SZ	立讯精密	民营	电子工业	广东	0. 027	181	9	1
300088. SZ	长信科技	民营	电子工业	广东	0. 126	10	9	3
300456. SZ	耐威科技	民营	电子工业	北京	2. 832	39	13	3
600703. SH	三安光电	民营	电子工业	湖北	0. 212	67	7	2
300555. SZ	路通视信	民营	电子工业	江苏	2. 189	21	2	1
300582. SZ	英飞特	民营	电子工业	浙江	1. 000	79	2	3
603678. SH	火炬电子	民营	电子工业	福建	1. 221	3	2	2
300351. SZ	永贵电器	民营	电子工业	浙江	0. 595	14	2	3
603890. SH	春秋电子	国企	电子工业	江苏	0. 406	14	3	1
000823. SZ	超声电子	国企	电子工业	广东	0. 212	125	2	3
002415. SZ	海康威视	国企	电子工业	浙江	0. 106	684	3	3

续表

证券代码	名称	企业性质	行业	地区	创业精神	创新精神（个）	冒险精神（个）	结构性权力
300661. SZ	圣邦股份	国企	电子工业	北京	3. 806	208	3	1
002463. SZ	沪电股份	民营	电子工业	江苏	0. 198	8	1	3
603595. SH	东尼电子	国企	电子工业	浙江	1. 371	4	1	3
600118. SH	中国卫星	国企	电子工业	北京	0. 472	6	13	3
300270. SZ	中威电子	民营	电子工业	浙江	2. 603	22	2	1
603019. SH	中科曙光	国企	电子工业	天津	0. 494	141	4	3
300701. SZ	森霸传感	国企	电子工业	河南	1. 869	9	5	3
300162. SZ	雷曼股份	民营	电子工业	广东	0. 874	28	1	1
002153. SZ	石基信息	民营	信息技术服务业	北京	0. 392	2	8	1
002316. SZ	亚联发展	民营	信息技术服务业	广东	1. 597	2	1	3
002530. SZ	金财互联	民营	信息技术服务业	江苏	0. 584	44	11	1
300188. SZ	美亚柏科	民营	信息技术服务业	福建	0. 840	40	4	3
300675. SZ	建科院	国企	信息技术服务业	广东	2. 556	30	1	3
300712. SZ	永福股份	国企	信息技术服务业	福建	2. 866	24	2	1
300386. SZ	飞天诚信	民营	信息技术服务业	北京	1. 878	130	1	3
600602. SH	云赛智联	国企	信息技术服务业	上海	0. 629	29	2	3
300431. SZ	暴风集团	民营	信息技术服务业	北京	1. 706	14	6	3
603860. SH	中公高科	国企	信息技术服务业	北京	11. 856	46	1	3
002556. SZ	辉隆股份	民营	零售业	安徽	0. 853	24	11	3
601607. SH	上海医药	国企	零售业	上海	0. 043	149	2	3
000963. SZ	华东医药	民营	零售业	浙江	0. 211	41	5	3

续表

证券代码	名称	企业性质	行业	地区	创业精神	创新精神（个）	冒险精神（个）	结构性权力
002836. SZ	新宏泽	民营	传播与文化业	广东	3. 005	9	2	3
600831. SH	广电网络	国企	传播与文化业	山西	0. 270	8	6	3
000812. SZ	陕西金叶	民营	传播与文化业	陕西	0. 357	17	3	1
300288. SZ	朗玛信息	民营	传播与文化业	安徽	1. 286	6	3	3
300332. SZ	天壕环境	民营	电力热力燃气工业	北京	1. 169	25	3	3
600108. SH	亚盛集团	国企	农林牧渔业	甘肃	0. 304	59	10	3
002041. SZ	登海种业	民营	农林牧渔业	山东	2. 262	42	4	3
300388. SZ	国祯环保	民营	社会服务业	安徽	0. 866	17	9	3
000504. SZ	南华生物	国企	社会服务业	湖南	11. 189	16	1	3
002394. SZ	联发股份	民营	纺织业	江苏	0. 184	45	9	3
600188. SH	兖州煤业	国企	煤炭工业	山东	0. 032	208	11	3
600123. SH	兰花科创	国企	煤炭工业	山西	0. 114	20	8	2
600717. SH	天津港	国企	交通运输仓储及邮政业	天津	0. 187	242	8	3

附表 2-2　　2017 年度样本企业

董事会规模（人）	监事会规模（人）	经济绩效（分）	社会绩效（分）	生态绩效（分）	政府补助（元）
9	5	25. 00	2	4	7250000. 00
14	9	22. 00	8	7	1099000000. 00

续表

董事会规模（人）	监事会规模（人）	经济绩效（分）	社会绩效（分）	生态绩效（分）	政府补助（元）
11	7	28.00	7	3	427000000.00
7	3	20.00	6	3	3300723.85
7	3	13.00	3	1	9590102.67
7	3	13.00	3	6	1887477.00
10	5	10.00	3	1	117366000.00
11	7	11.00	9	8	340588576.53
7	3	16.00	7	1	16932203.86
11	3	18.00	5	1	2187092.60
9	3	7.00	6	1	43638000.00
9	5	21.00	9	7	4050000.00
7	2	21.00	6	1	2750000.00
9	5	21.00	7	6	173940.00
7	3	23.00	4	1	7675472.61
9	3	24.00	7	2	1200000.00
9	3	21.00	5	5	2505330.00
5	3	27.00	6	2	6514320.00
7	3	15.00	4	1	24223016.18
9	5	23.00	4	1	2480000.00
9	3	16.00	7	1	1029998.00
6	3	22.00	4	1	14659426.80
7	3	20.00	3	1	500000.00
7	3	23.00	5	1	96630842.74
4	3	26.00	6	1	302669.55
7	3	26.00	8	1	4916400.00
7	3	26.00	6	6	16730000.00
10	3	8.00	7	2	6389474.00
8	3	15.00	10	1	25103100.00
9	3	25.00	4	5	500000.00
8	3	24.00	6	3	10244584.91

续表

董事会规模（人）	监事会规模（人）	经济绩效（分）	社会绩效（分）	生态绩效（分）	政府补助（元）
8	5	24.00	8	1	937727.16
9	3	27.00	4	1	13455913.75
8	7	26.00	6	1	56110914.33
9	3	26.00	8	2	9786200.00
9	3	23.00	6	3	12448699.46
6	3	18.00	5	2	5308831.00
9	3	14.00	7	1	8545600.00
9	5	25.00	7	4	60704593.21
9	3	24.00	7	1	10000000.00
14	3	22.00	6	1	7696346.66
9	3	18.00	7	1	13402770.00
7	3	27.00	6	1	2200000.00
7	3	15.00	6	1	3637764.75
9	3	25.00	6	3	8891770.00
9	3	20.00	7	5	12574320.52
9	3	19.00	7	1	500000.00
9	3	24.00	6	2	7000000.00
6	3	21.00	7	6	5805000.00
5	3	19.00	6	1	21000.00
9	3	23.00	5	1	10680000.00
7	3	18.00	5	1	40212400.00
5	3	17.00	7	2	13457787.59
12	5	18.00	8	6	79800425.21
9	3	22.00	6	1	1000000.00
7	4	14.00	7	9	38982235.98
9	3	17.00	7	1	4783827.52
9	5	22.00	8	1	115440007.60
9	3	20.00	6	1	217543697.25
11	4	14.00	8	3	2803499.08

续表

董事会规模（人）	监事会规模（人）	经济绩效（分）	社会绩效（分）	生态绩效（分）	政府补助（元）
9	6	16.00	6	1	1930000.00
7	3	16.00	7	3	68397688.32
9	3	23.00	9	6	10078365.00
10	6	23.00	9	6	56048210.00
9	3	16.00	7	1	5000000.00
9	3	21.00	8	8	291212384.52
11	4	16.00	9	4	34438903.11
9	6	13.00	7	8	139400106.00
9	3	19.00	5	8	1243000.00
9	3	27.00	7	4	830000.00
9	3	24.00	7	7	63349087.89
13	3	18.00	6	6	37948664.13
7	3	26.00	2	4	17237500.00
11	3	21.00	7	4	118328303.80
6	3	14.00	9	6	95424800.00
14	3	13.00	7	6	74740000.00
6	3	14.00	7	6	82607902.80
9	5	21.00	4	2	150000.00
7	3	24.00	7	5	1107500.00
7	3	21.00	9	4	7223927.68
9	3	17.00	9	7	146015000.00
9	3	20.00	8	5	3055600.00
8	4	16.00	3	6	20718900.00
11	3	24.00	8	7	20798269.31
9	3	27.00	4	5	53350000.00
9	3	20.00	6	4	37830538.50
9	3	17.00	4	5	31675900.00
9	5	23.00	6	5	23689336.68
9	3	18.00	7	7	15297409.17

续表

董事会规模（人）	监事会规模（人）	经济绩效（分）	社会绩效（分）	生态绩效（分）	政府补助（元）
9	3	18.00	8	7	6298038.68
9	3	21.00	4	9	2540000.00
11	4	21.00	7	4	3688060.74
9	3	26.00	7	5	8790669.43
9	3	26.00	8	7	3028663.68
9	3	21.00	1	1	6692222.80
9	3	18.00	2	3	9200612.12
9	3	17.00	5	4	13068371.95
9	3	22.00	6	3	314100.00
8	3	21.00	7	5	17975765.55
12	4	24.00	4	5	602156.13
9	3	19.00	6	1	912010.00
8	4	16.00	5	4	20718900.00
7	3	14.00	5	1	67348658.00
9	3	18.00	7	7	6298038.68
9	5	26.00	6	3	1600000.00
7	3	26.00	7	1	4353913.61
13	5	26.00	13	10	55034335.00
11	3	22.00	8	5	18770071.84
7	3	26.00	8	4	41873689.34
9	3	16.00	8	5	2248666.69
8	5	24.00	6	3	51824527.44
9	5	19.00	7	1	17618721.00
5	3	19.00	7	7	2443800.00
8	3	23.00	6	1	1807141.25
6	3	18.00	9	6	222895586.90
9	3	21.00	4	6	6080300.00
10	3	22.00	7	6	17134754.00
7	3	25.00	7	2	7350.00

续表

董事会规模（人）	监事会规模（人）	经济绩效（分）	社会绩效（分）	生态绩效（分）	政府补助（元）
9	3	20. 00	8	2	12753708. 77
10	3	19. 00	6	5	34624630. 80
12	3	24. 00	5	1	3973373. 04
9	4	16. 00	6	5	2090000. 00
11	3	18. 00	5	8	1600000. 00
9	3	26. 00	6	5	812973. 68
7	3	29. 00	6	1	96915001. 79
8	3	18. 00	8	3	10061100. 00
7	3	27. 00	6	2	24602647. 59
7	3	28. 00	6	1	190000. 00
11	3	28. 00	4	5	64095189. 11
7	3	24. 00	6	1	1547451. 00
9	3	26. 00	7	1	2810000. 00
9	3	23. 00	2	1	104000. 00
7	3	29. 00	6	1	4170000. 00
13	4	29. 00	8	5	23025209. 21
8	5	23. 00	6	6	12538300. 00
8	4	21. 00	9	6	74763546. 44
11	4	20. 00	5	6	5890000. 00
6	3	28. 00	3	5	15743632. 90
7	4	24. 00	5	1	8059613. 41
9	4	15. 00	3	5	13810000. 00
9	3	26. 00	4	1	18053638. 63
9	3	25. 00	7	3	3356854. 20
8	3	25. 00	5	9	1080000. 00
7	3	29. 00	6	5	2401243. 50
9	5	27. 00	8	9	11140600. 00
11	3	27. 00	3	7	64095189. 11
12	8	14. 00	8	7	85176355. 53

续表

董事会规模（人）	监事会规模（人）	经济绩效（分）	社会绩效（分）	生态绩效（分）	政府补助（元）
7	5	28.00	9	8	27750527.79
9	3	20.00	7	5	1000000.00
9	5	19.00	8	10	952102639.55
7	3	26.00	4	1	3704287.64
9	3	26.00	4	2	17830906.15
7	3	28.00	4	1	12596300.00
7	3	30.00	9	6	8090187.21
7	3	25.00	3	1	127951306.95
6	5	23.00	10	1	93775377.06
9	3	30.00	5	3	900000.00
7	3	29.00	7	4	87474449.36
11	3	27.00	5	1	37065422.49
7	3	22.00	2	1	4336.76
8	3	26.00	2	1	426256420.17
5	3	20.00	4	1	7139364.30
8	3	16.00	4	1	7829060.00
7	3	28.00	4	1	496700.00
8	3	24.00	6	2	25804638.54
7	3	30.00	6	2	6139728.31
9	3	26.00	8	5	2770000.00
9	3	30.00	8	2	78989300.00
5	3	29.00	6	1	3000000.00
9	3	26.00	6	6	300000.00
5	3	29.00	3	1	690096.30
11	5	26.00	7	3	26483072.23
7	3	23.00	6	1	27201929.79
10	4	22.00	8	1	481151138.37
7	3	26.00	9	2	365135.94
6	3	19.00	6	2	825364.35

续表

董事会规模（人）	监事会规模（人）	经济绩效（分）	社会绩效（分）	生态绩效（分）	政府补助（元）
7	3	23.00	6	1	1267500.00
9	4	14.00	6	1	12018600.92
9	3	22.00	7	1	6547831.30
8	3	25.00	6	1	2427000.00
9	5	24.00	5	1	36822662.98
9	3	26.00	7	1	134000.00
8	3	24.00	7	1	16536557.60
7	3	23.00	5	2	12794921.50
7	3	16.00	3	1	27751808.71
5	3	25.00	3	1	625000.00
9	3	19.00	7	1	9295330.00
9	3	23.00	11	10	46393695.13
9	6	28.00	6	7	58849000.50
5	3	24.00	5	2	1000000.00
9	3	16.00	8	1	225240034.00
5	3	13.00	7	1	344300.00
7	3	21.00	5	1	12510000.00
8	3	17.00	1	1	14603749.44
9	4	14.00	6	1	10670445.48
12	5	16.00	8	1	11030844.20
8	5	19.00	5	1	14800000.00
7	3	6.00	3	1	53000.00
12	3	26.00	7	9	600000.00
10	7	24.00	9	9	57865000.00
9	5	19.00	9	10	2210000.00
9	5	23.00	7	6	32503570.53

附表 3-1　　2018 年度样本企业

证券代码	名称	企业性质	行业	地区	创业精神	创新精神（个）	冒险精神（个）	结构性权力
000055. SZ	方大集团	民营	机械工业	广东	0. 453	41	3	1
300700. SZ	岱勒新材	国企	机械工业	湖南	1. 564	7	1	1
002406. SZ	远东传动	民营	机械工业	河南	1. 414	22	1	2
002795. SZ	永和智控	民营	机械工业	浙江	1. 533	30	3	3
002793. SZ	东音股份	民营	机械工业	浙江	0. 782	17	1	1
300260. SZ	新莱应材	民营	机械工业	江苏	0. 995	106	1	1
603179. SH	新泉股份	国企	机械工业	江苏	0. 559	13	7	1
002258. SZ	利尔化学	国企	化学工业	四川	0. 430	6	5	2
600276. SH	恒瑞医药	民营	医药工业	江苏	0. 114	121	6	2
002099. SZ	海翔药业	民营	医药工业	浙江	0. 535	104	9	2
002349. SZ	精华制药	国企	医药工业	江苏	1. 129	11	1	2
002107. SZ	沃华医药	民营	医药工业	山东	1. 243	9	1	3
002675. SZ	东诚药业	民营	医药工业	山东	0. 897	18	1	1
603005. SH	晶方科技	民营	电子工业	江苏	1. 483	52	2	1
600702. SH	舍得酒业	国企	轻工工业	四川	0. 335	13	4	2
002494. SZ	华斯股份	民营	轻工工业	河北	0. 780	11	3	2
002315. SZ	焦点科技	民营	信息技术服务业	江苏	0. 646	8	4	1
600507. SH	方大特钢	民营	冶金工业	江西	0. 312	33	2	2

附表 3-2　　2018 年度样本企业

董事会规模（人）	监事会规模（人）	经济绩效（分）	社会绩效（分）	生态绩效（分）	政府补助（元）
8	3	22. 00	6	1	1333000. 00
10	3	16. 00	3	4	1159511. 35
9	4	24. 00	5	1	21990000. 00
7	3	27. 00	6	1	20000. 00
7	3	25. 00	5	1	21820000. 00
9	3	23. 00	3	1	23820000. 00

续表

董事会规模（人）	监事会规模（人）	经济绩效（分）	社会绩效（分）	生态绩效（分）	政府补助（元）
9	3	23.00	3	1	45640000.00
9	3	28.00	8	9	54009137.66
9	3	27.00	5	8	17000000.00
9	3	22.00	5	7	11700000.00
9	3	22.00	7	7	400000.00
9	4	19.00	6	3	4816000.00
5	3	21.00	6	3	21046260.00
9	3	16.00	8	1	178192000.00
9	5	24.00	8	7	9545980.00
7	3	13.00	2	7	2000000.00
9	3	15.00	4	1	5652937.60
15	5	26.00	7	4	300000.00

参考文献

［1］白贵玉，丁敏，徐鹏，张晓峰．管理层权力配置下上市公司创新决策动因研究——成长状态差异化情境下的权变思考［J］．科技进步与对策，2018（10）：89－93.

［2］白少君，崔萌筱，耿紫珍．创新与企业家精神研究文献综述［J］．科技进步与对策，2014，31（23）：178－182.

［3］白重恩，刘俏，陆洲，宋敏，张俊喜．中国上市公司治理结构的实证研究［J］．经济研究，2005（2）：81－91.

［4］本刊编辑部．新时代企业家精神［J］．现代国企研究，2017（21）：40－41.

［5］蔡华，于永彦，蒋天颖．民营企业家精神的测量与分析［J］．统计与决策，2009（16）：163－165.

［6］陈长江，高波．制度、企业家精神与中国经济增长动力的再检验［J］．经济经纬，2012（1）：22－26.

［7］陈德球，步丹璐．管理层能力、权力特征与薪酬差距［J］．山西财经大学学报，2015，37（3）：91－101.

［8］陈逢文，张沁怡，王鲜云．企业家精神、外资依存度与区域经济增长［J］．管理世界，2018，34（2）：178－179.

［9］陈红涛．企业家精神、动态能力与组织绩效关系研究［D］．杭州：浙江理工大学，2013（3）.

［10］陈劲，朱朝晖，王安全．公司企业家精神培育的系统理论假设模型及验证［J］．南开管理评论，2003（5）：36－41.

[11] 陈明坤，方瑄，黄文德，唐磊雯．上市公司可持续发展绩效指数研究——基于我国重污染行业［M］．北京：经济科学出版社，2015（12）．

[12] 陈仕清．基于可持续发展视角的企业绩效评价体系研究［D］．重庆：重庆工商大学，2010（6）．

[13] 陈文龙．企业家精神与企业成长关系研究［D］．陕西：陕西师范大学，2008（5）．

[14] 陈怡安，赵雪苹．制度环境与企业家精神：机制、效应及政策研究［J］．科研管理，2019，40（5）：90－100．

[15] 陈致中，沈源清．企业家精神与中小企业战略转型［J］．现代管理科学，2014（6）：33－35．

[16] 陈忠卫，郝喜玲．创业团队企业家精神及其测量［J］．商业经济与管理，2008（9）：23－28．

[17] 陈忠卫，李晶．内部企业家精神理论研究述评［J］．经济学动态，2005（1）：85－89．

[18] 程虹，宋菲菲．新常态下企业经营绩效的下降：基于企业家精神的解释——来自2015年广东制造业企业—员工匹配调查的经验证据［J］．武汉大学学报（哲学社会科学版），2016（1）：60－72．

[19] 程俊杰．制度变迁、企业家精神与民营经济发展［J］．经济管理，2016，38（8）：39－54．

[20] 崔凯．中国企业家精神与企业财务绩效的实证研究［D］．上海：同济大学，2007（6）．

[21] 代彬，刘星，郝颖．高管权力、薪酬契约与国企改革——来自国有上市公司的实证研究［J］．当代经济科学，2011（7）：90－98．

[22] 戴维奇，魏江，林巧．公司创业活动影响因素研究前沿探析与未来热点展望［J］．外国经济管理，2009（6）：10－17．

[23] 丁栋虹．企业家精神［M］．北京：清华大学出版社，2010（1）．

[24] 丁栋虹．西部大开发中企业家精神激活的路径分析［J］．学术界，2005（5）：48－54．

[25] 丁维国．独立董事治理对企业财务风险的影响——基于制度环境的

调节效应研究［J］. 经济问题，2018（9）：101－119.

［26］冯思宁. 高管团队企业家精神与企业成长绩效关系实证研究——以广西中小企业为例［D］. 广西：广西师范大学，2014（4）.

［27］冯伟，李嘉佳. 企业家精神与产业升级：基于经济增长原动力的视角［J］. 外国经济与管理，2019，41（6）：29－42.

［28］傅颀，汪祥耀，路军. 管理层权力、高管薪酬变动与公司并购行为分析［J］. 会计研究，2014（11）：30－37.

［29］高波. 文化资本、企业家精神与经济增长［M］. 北京：人民出版社，2011（4）.

［30］高文亮，陈镜宇. 管理层权力理论研究最新进展［J］. 财会通讯，2012（7）：101－104.

［31］高笑妍. 企业家精神与经济增长研究的理论综述［J］. 经济论坛，2017（5）：138－139.

［32］龚永洪，何凡. 高管层权力、股权薪酬差距与企业绩效研究——基于《上市公司股权激励管理办法》实施后的面板数据［J］. 南京农业大学学报，2013，13（1）：113－120.

［33］巩娜，刘清源，陈慧. CEO还是TMT——民营上市公司高管薪酬差距对于企业研发的影响［J］. 南方经济，2015（1）：85－103.

［34］郭惠玲. 公司企业家精神与企业绩效的实证研究——基于营销能力的交互作用［J］. 华侨大学学报（哲学社会科学版），2014（3）：84－92.

［35］郭凯明，余靖雯，龚六堂. 人口转变、企业家精神与经济增长［J］. 经济学（季刊），2016（4）：990－1010.

［36］郭强. 企业中个人的绝对权力与企业衰败［J］. 管理世界，2001（1）：163－169，177.

［37］国务院办公厅印发《关于建立国有企业违规经营投资责任追究制度的意见》http：//www.gov.cn/xinwen/2016－08/23/content_5101619.htm.

［38］国务院国资委考核分配局. 企业绩效评价标准值2016［M］. 北京：经济科学出版社，2016（4）.

［39］国务院国资委考核分配局. 企业绩效评价标准值2017［M］. 北京：

经济科学出版社，2017（8）.

［40］国务院国资委考核分配局. 企业绩效评价标准值2018［M］. 北京：经济科学出版社，2018（6）.

［41］韩春伟. 基于企业可持续发展的业绩评价研究［D］. 山东：山东大学，2009（5）.

［42］韩磊，王西，张新谊. 制度环境驱动了企业家精神吗？——基于法与金融的实证研究［J］. 现代财经（天津财经大学学报），2017（2）：39－54.

［43］何轩，马骏，朱丽娜，李新春. 制度变迁速度如何影响家族企业主的企业家精神配置——基于动态制度基础观的经验性研究［J］. 南开管理评论，2016（3）：64－76.

［44］何元斌. 企业可持续发展的三层次六维度分析框架研究［J］. 经济问题探索，2009（6）：83－89.

［45］贺凌飞. 企业家精神对企业可持续发展影响的研究［D］. 北京：北京交通大学，2018（6）.

［46］胡超，张捷. “服务—制造”新形态国际分工的演胡超进及可持续性分析［J］. 广东商学院学报，2010，25（2）：4－11＋16.

［47］胡明霞，干胜道. 管理层权力、内部控制与高管腐败［J］. 中南财经政法大学学报，2015（3）：87－93.

［48］胡曲应. 上市公司环境绩效与财务绩效的相关性研究［J］. 中国人口·资源与环境，2012（6）：23－32.

［49］胡婷婷. 管理层权力、薪酬差距与企业绩效——基于2011－2015年央企上市公司的经验证据［D］. 重庆工商大学，2017（5）.

［50］胡望斌，张玉利. 新企业创业导向转化为绩效的新企业能力［J］. 南开管理评论，2011（1）：83－95.

［51］胡永刚，石崇. 扭曲、企业家精神与中国经济增长［J］. 经济研究，2016（7）：87－101.

［52］黄婷艳. 管理层权力对高管薪酬的影响［D］. 四川：西南财经大学，2011.

[53] 江宇博. CEO权力与企业成长性关系 [D]. 大连：4东北财经大学，2015.

[54] 蒋春燕. 高管团队要素对公司企业家精神的影响机制研究——基于长三角民营中小高科技企业的实证分析 [J]. 南开管理评论，2011 (3)：72-84.

[55] 蒋春燕，赵曙明. 公司企业家精神制度环境的地区差异——15个国家高新技术产业开发区企业的实证研究 [J]. 经济科学，2010 (6)：103-116.

[56] 解维敏. 产权性质与企业家创新精神研究——来自中国上市公司的经验证据 [J]. 管理评论，2013 (1)：101-104.

[57] 靳卫东，高波，吴向鹏. 企业家精神：含义、度量和经济绩效的评述 [J]. 中南财经政法大学学报，2008 (4)：101-105.

[58] 景孟颖. 海外上市、管理层权力与公司绩效 [D]. 天津：天津大学，2014.

[59] 旷锦云，程启智. 企业家精神与企业可持续发展 [J]. 经济问题探索，2010 (10)：80-85.

[60] 况学文，陈俊. 董事会性别多元化、管理者权力与审计需求 [J]. 南开管理评论，2011，14 (6)：48-56.

[61] 黎赔肆. 丁栋虹. 企业家精神主体、载体和出现时期的三维整合模型 [J]. 管理评论，2007 (2)：15-21.

[62] 李宏彬，李杏，姚先国，张海峰，张俊森. 企业家的创业与创新精神对中国经济增长的影响 [J]. 经济研究，2009 (10)：99-108.

[63] 李建丽，张念立. 以价值创造为核心的企业绩效评价体系的建立 [J]. 财会月刊，2007 (3)：39-41.

[64] 李健，邱立成，安小会. 面向循环经济的企业绩效评价指标体系研究 [J]. 中国人口. 资源与环境，2004 (8)：121-125.

[65] 李兰，仲为国，彭泗清，郝大海，王云峰. 当代企业家精神：特征、影响因素与对策建议——2019中国企业家成长与发展专题调查报告 [J]. 南开管理评论，2019，22 (5)：4-12，27.

[66] 李韶辉. 弘扬优秀企业家精神　更好发挥企业家作用 [N]. 中国

改革报，2017 -09 -26 (001).

[67] 李颂. 追赶情境下企业家精神对企业成长的影响研究 [D]. 北京: 首都经济贸易大学，2017.

[68] 李巍，丁超. 企业家精神、商业模式创新与经营绩效 [J]. 中国科技论坛，2016 (7): 124 -129.

[69] 李维安，王辉. 企业家创新精神培育: 一个公司治理视角 [J]. 南开经济研究，2003 (2): 56 -59.

[70] 李新春，丘海雄，张书军. 企业家精神、企业家能力与企业成长 [J]. 经济研究，2002 (1): 89 -92.

[71] 李新春，苏琦，董文卓. 公司治理与企业家精神 [J]. 经济研究，2006 (2): 57 -67.

[72] 李杏. 企业家精神对中国经济增长的作用研究——基于 SYS-GMM 的实证研究 [J]. 科研管理，2011，32 (1): 97 -104.

[73] 李雪灵，姚一玮，王利军. 新企业创业导向与创新绩效关系研究 [J]. 中国工业经济，2010 (6): 116 -125.

[74] 李永东. 企业家精神与市场秩序——基于中国现实制度环境的考察 [J]. 南京财经大学学报，2012 (4): 86 -90.

[75] 李豫湘，廖秋宇. 管理层权力、公司绩效和薪酬差距——基于国有上市公司的数据 [J]. 财会通讯，2015 (21): 57 -60.

[76] 李占风，刘晓歌. 企业家精神对经济增长的影响 [J]. 统计与决策，2017 (12): 115 -119.

[77] 李正卫，李建慧，王飞绒. 企业家情怀的内涵界定与量表开发: 理论与实证 [J]. 技术经济，2017 (7): 43 -47.

[78] 李志，曹跃群. 企业家精神研究文献的内容分析 [J]. 重庆工商大学学报 (社会科学版)，2003 (2): 79 -81.

[79] 李志强. 企业家创新行为制度分析——一个理论框架 [M]. 北京: 社会科学文献出版社，2011 (12): 1，186.

[80] 刘昌年，梅强. 自主创新与企业家、企业家精神的培育机制研究 [J]. 预测，2006 (5): 12 -15.

[81] 刘汉达. 高管薪酬差距、管理层权力与公司绩效关系研究——以A股上市公司为例 [D]. 辽宁: 辽宁大学, 2016 (5).

[82] 刘亮. 企业家精神与区域经济增长 [D]. 上海: 复旦大学, 2008 (4).

[83] 刘茂松. 培育职业企业家型阶层 [J]. 经济研究, 1994 (6): 56-61.

[84] 刘美玉, 王帅, 南晖. 高管薪酬差距、管理层权力与公司业绩波动——基于中小板上市公司的实证研究 [J]. 预测, 2015 (1): 48-53.

[85] 刘小玄. 现代企业的激励机制: 剩余支配权 [J]. 经济研究, 1996 (6): 3-11.

[86] 刘星, 徐光伟. 政府管制、管理层权力与国企高管薪酬刚性 [J]. 经济科学, 2012 (1): 86-102.

[87] 刘宇璟. 创业导向与企业绩效: 制度环境和市场环境的调节作用 [J]. 中国人力资源开发, 2017 (11): 54-64.

[88] 刘运国, 陈国菲. BSC与EVA相结合的企业绩效评价研究——基于GP企业集团的案例分析 [J]. 会计研究, 2007 (9): 50-59.

[89] 刘正周. 管理激励与激励机制 [J]. 管理世界, 1996 (5): 213-215.

[90] 刘志铭, 李晓迎. 企业家精神与经济增长——奥地利学派的视角 [J]. 华东师范大学学报 (社会科学版), 2008 (6): 12-19.

[91] 龙海军. 制度环境对企业家精神配置的影响: 金融市场的调节作用 [J]. 科技进步与对策, 2017 (4): 94-99.

[92] 卢锐. 管理层权力、薪酬差距与绩效 [J]. 南方经济, 2007 (7): 60-70.

[93] 卢锐. 管理层权力、薪酬激励与绩效——基于中国证券市场的理论与实证研究 [M]. 北京: 经济科学出版社, 2008 (3).

[94] 卢锐, 魏明海, 黎文靖. 管理层权力. 在职消费与产权效率——来自中国上市公司的证据 [J]. 南开管理评论, 2008 (5): 85-92.

[95] 鲁传一, 李子奈. 企业家精神与经济增长理论 [J]. 清华大学学报 (哲学社会科学版), 2000, 15 (3): 42-49.

[96] 马富萍, 郭晓川. 企业家精神培育环境研究: 量表的开发与验证

[J]. 内蒙古大学学报（哲学社会科学版），2017（7）：84－93.

[97] 马文军，卜伟，易倩著. 产业安全研究—理论、方法与实证 [M]. 北京：中国社会科学出版社，2018.

[98] 马忠新，陶一桃. 企业家精神对经济增长的影响 [J]. 经济学动态，2019（8）：86－98.

[99] 娜塔利娅·洛佩斯. 公司的企业家精神与创新 [J]. 经营管理者，2017（2）：159－160.

[100] 南剑飞，赵丽丽，张成义. 企业经营业绩评价新指标体系的构建与分析 [J]. 商业研究，2003（2）：68－69.

[101] 牛翠萍，耿修林. 管理层权力与企业绩效研究的文献综述 [J]. 管理观察，2019（31）：22－24.

[102] 牛翠萍，耿修林. 企业家精神、管理层权力与企业可持续发展绩效的实证 [J]. 统计与决策，2020（19）：164－168.

[103] 欧雪银. 公司企业家精神的内涵与构成 [J]. 社会科学家，2011（2）：67－70.

[104] 庞长伟，李垣. 制度转型环境下的中国企业家精神研究 [J]. 管理学报，2011，8（10）：14－38.

[105] 彭罗斯，赵晓译. 企业成长理论 [M]. 上海：上海人民出版社，2007（2）.

[106] 权小锋，吴世农，文芳. 管理层权力、私有收益与薪酬操纵 [J]. 经济研究，2010（11）：73－87.

[107] 任广乾. 管理层权力、薪酬标杆与高管薪酬制定 [J]. 中南财经政法大学学报，2016（2）：78－85.

[108] 芮明杰，孙继伟. 企业可持续发展的理论分析 [J]. 上海经济研究，1998（4）：57－59.

[109] 邵剑兵，朱芳芳. 高管继任来源与高管薪酬差距的激励效应 [J]. 首都经济贸易大学学报，2015，17（1）：95－103.

[110] 邵文华. 企业社会责任对企业可持续发展的影响机制分析 [J]. 湖北社会科学，2006（12）：119－122.

[111] 沈雯婕. 高管员工薪酬差距、管理层权力特征与企业未来经营绩效——基于制造业上市公司的经验证据 [D]. 杭州：浙江财经大学，2017 (1).

[112] 时鹏程，许磊. 论企业家精神的三个层次及其启示 [J]. 外国经济与管理，2006 (2)：44 – 51.

[113] 寿建忠. 均胜集团并购促成长战略研究 [D]. 宁波：宁波大学，2015.

[114] 舒利敏. 我国重污染行业环境信息披露现状研究——基于沪市重污染行业 620 份社会责任报告的分析 [J]. 证券市场导报，2014 (9)：35 – 44.

[115] 宋德润，马跃. 以可持续发展为导向的企业绩效管理研究 [J]. 价值工程，2007 (8)：106 – 108.

[116] 宋荆，顾平，席娜利. 企业可持续发展“三重盈余”绩效评价研究 [J]. 华东经济管理，2006 (9)：21 – 24.

[117] 宋增基，张宗益. 中国上市公司董事会治理与公司绩效实证分析 [J]. 重庆大学学报，2003 (26)：122 – 126.

[118] 孙黎，朱蓉，张玉利. 企业家精神：基于制度和历史的比较视角 [J]. 外国经济与管理，2019，41 (9)：3 – 16.

[119] 谭庆美，景孟颖. 管理层权力、内部治理机制与企业绩效——基于中国上市公司面板数据的实证分析 [J]. 哈尔滨工业大学学报（社会科学版)，2013，15 (4)：66 – 74.

[120] 汤洪波. 公司治理、管理层权力与公司价值研究 [M]. 北京：经济科学出版社，2011 (5)：14.

[121] 陶俊，刘璐，张卫国. 信息技术能力对于企业可持续发展绩效的影响 [J]. 软科学，2017 (10)：10 – 14.

[122] 田国强，陈旭东. 制度的本质、变迁与选择——赫维茨制度经济思想诠释及其现实意义 [J]. 学术月刊，2018，50 (1)：63 – 77.

[123] 汪丁丁. 企业家、经济学家与媒体的分工 [J]. 青年记者，2005 (9)：75 – 76.

[124] 王爱华，綦好东. 企业可持续发展指标体系研究 [J]. 生态经济，

2000 (1): 17 -20.

[125] 王安全. 公司企业家精神与公司经营业绩关系研究 [D]. 浙江: 浙江大学, 2001 (11).

[126] 王德才, 赵曙明. CEO 变革型领导行为、战略柔性与公司企业家精神关系——基于中小企业的实证研究 [J]. 科学学与科学技术管理, 2014 (6): 145 -153.

[127] 王德才, 赵曙明. 人力资源管理实践与员工态度关系研究——基于珠三角 192 家民营中小高科技企业的问卷调查 [J]. 商业经济与管理, 2013 (3): 55 -62.

[128] 王浩, 向显湖, 尹飘扬. 高管权力、外部薪酬差距与公司业绩预告行为——基于中国证券市场的经验证据 [J]. 华中科技大学学报, 2015, 29 (6): 92 -104.

[129] 王郡. 双重博弈中的激励与行为 [J]. 经济研究, 2001 (8): 71 -78.

[130] 王珺. 企业簇群的创新过程研究 [J]. 管理世界, 2002 (10): 102 -110.

[131] 王克敏, 王志超. 高管控制权、报酬与盈余管理——基于中国上市公司的实证研究 [J]. 管理世界, 2007 (7): 111 -118.

[132] 王林生. 企业家精神与中国经济 [J]. 管理世界, 1989 (4): 147 -151.

[133] 王茂林, 何玉润, 林慧婷. 管理层权力、现金股利与企业投资效率 [J]. 南开管理评论, 2014, 17 (2): 13 -22.

[134] 王普查. 一种基于利益相关者价值取向的战略业绩评价方法——绩效棱柱法 [J]. 企业管理, 2005 (2): 54 -55.

[135] 王琦. 薪酬差距、管理层权力与企业成长性 [D]. 浙江: 浙江财经大学, 2015 (12).

[136] 王旭晓. SA8000 与企业可持续发展 [J]. 企业文明, 2004 (3): 18 -19.

[137] [美] 威廉·鲍莫尔. 企业家精神 [M]. 美国: 麻省理工大学出

版社，1993.

［138］威廉·鲍莫尔著，孙智君等译．企业家精神［M］．湖北：武汉大学出版社，2010（1）．

［139］卫维平．基于结构方程模型的企业家精神与企业绩效关系研究［D］．天津：天津大学，2008（6）．

［140］魏下海，董志强，金钊．腐败与企业生命力：寻租和抽租影响开工率的经验研究［J］．世界经济，2015（1）：109－125.

［141］温素彬，方苑．企业社会责任与财务绩效关系的实证研究——利益相关者视角的面板数据分析［J］．中国工业经济，2008（10）：150－160.

［142］温素彬．企业三重绩效的层次变权综合评价模型——基于可持续发展战略的视角［J］．会计研究，2010（12）：82－87.

［143］温素彬，薛恒新．基于科学发展观的企业三重绩效评价模型［J］．会计研究，2005（4）：60－64.

［144］文革．家族企业可持续发展绩效动力模型及实证分析［D］．四川：西南交通大学，2009.

［145］吴光炳．中国当代企业家成长研究［M］．陕西：陕西人民出版社，1998（9）：25.

［146］吴文洁．国内外企业家市场比较分析［J］．西安石油学院学报（社会科学版），2002（8）：25－30.

［147］习近平主持召开中央全面深化改革领导小组第三十四次会议　审议通过《对省级人民政府履行教育职责的评价办法》重点评价政府领导、管理、保障、推进本行政领域区域内教育事业改革发展稳定工作有关情况［N］．人民教育，2017－09－06.

［148］习近平主席在亚太经合组织工商领导人峰会上的主旨演讲（全文）［N］．新华网 2018－11－17 14：48：17，http：//www.xinhuanet.com/politics/leaders/2018－11/17/c_1123728402.htm.

［149］项国鹏，李武杰，肖建忠．转型经济中的企业家制度能力：中国企业家的实证研究及其启示［J］．管理世界，2009（11）：103－113.

［150］肖建忠，唐艳艳．企业家精神与经济增长关系的理论与经验研究

综述［J］. 外国经济与管理，2004（1）：2－7.

［151］肖建忠，易杏花. 企业家精神与绩效：制度研究视角［J］. 科研管理，2005，26（6）：42－48.

［152］邢以群. 企业家及其企业家精神［J］. 浙江大学学报（社会科学版），1994（2）：67－74.

［153］邢源源，陶怡然，李广宇. 威廉·鲍莫尔对企业家精神研究的贡献［J］. 经济学动态，2017（5）：151－158.

［154］徐二明，奚艳燕. 企业可持续发展研究的战略视野［J］. 战略管理，2010，2（1）：92－100.

［155］徐光华，张瑞. 企业社会责任与财务绩效相关性研究［J］. 财会通讯（学术版），2007（12）：70－73.

［156］徐君. 企业可持续发展的绩效评价体系构建［D］. 天津：天津财经大学，2008（5）.

［157］徐远华. 企业家精神、行业异质性与中国工业的全要素生产率［J］. 南开管理评论，2019，22（5）：13－27.

［158］杨东，李垣. 公司企业家精神、战略联盟对创新的影响研究［J］. 科学学研究，2008（5）：1114－1118.

［159］杨兴全，张丽平，吴昊旻. 市场化进程、管理层权力与公司现金持有［J］. 南开管理评论，2014，17（2）：34－45.

［160］叶文平，杨学儒，朱沆. 创业活动影响幸福感吗——基于国家文化与制度环境的比较研究［J］. 南开管理评论，2018（4）：4－14.

［161］叶作义，吴文彬. 企业研发投入的驱动因素分析——基于中国上市公司企业家精神角度［J］. 上海对外经贸大学学报，2018（3）：40－51.

［162］俞仁智，何洁芳，刘志迎. 基于组织层面的公司企业家精神与新产品创新绩效—环境不确定性的调节效应［J］. 管理评论，2015（9）：85－94.

［163］曾铖，郭兵，罗守贵. 企业家精神与经济增长方式转变关系的文献述评［J］. 上海经济研究，2015（2）：120－128.

［164］曾德麟. 企业价值观与企业可持续发展绩效的相关性研究［D］. 北京：首都经济贸易大学，2013（5）.

［165］曾伏娥，郑欣，李雪．IT能力与企业可持续发展绩效的关系研究［J］．科研管理，2018（4）：93－101．

［166］张丽平，杨兴全．管理者权力、管理层激励与过度投资［J］．软科学，2012（10）：107－112．

［167］张维迎，盛斌．企业家［M］．上海：上海人民出版社，2014（6）：2－3，129，134，140．

［168］张祥建，徐晋．大股东控制的微观结构、激励效应与堑壕效应——国外公司治理前沿研究的新趋势［J］．证券市场导报，2007（10）：33－41．

［169］张翔，丁栋虹．创业型领导、组织学习与战略柔性关系［J］．中国石油大学学报（社会科学版），2016（12）：11－17．

［170］张玉利．创业与企业家精神：管理者的思维模式和行为准则［J］．南开学报，2004（1）：12－15．

［171］张玉利．容错机制与激发保护企业家精神［J］．社会科学辑刊，2019（1）：71－78．

［172］张玉利，谢巍．改革开放、创业与企业家精神［J］．南开管理评论，2018，21（5）：4－9．

［173］张泽南．管理层权力、高管薪酬与上市公司盈余管理研究［M］．北京：经济科学出版社，2016（9）．

［174］赵慧军．关于企业家特质的调查研究［J］．经济与管理研究，2001（06）：55－57．

［175］赵息，许宁宁．管理层权力、机会主义动机与内部控制缺陷信息披露［J］．审计研究，2013（4）：101－109．

［176］赵宜萱，赵曙明，杜鹏程，张敏．逆全球化风险下的企业家精神、组织变革与雇佣关系——第九届（2017年）企业跨国经营国际研讨会综述［J］．经济管理，2017，39（11）：185－195．

［177］支树平．转型时期企业家成长的制度环境研究［M］．北京：经济科学出版社，2005（8）：23－25，65，81－84，87－90．

［178］中共中央 国务院关于营造企业家健康成长环境弘扬优秀企业家精

神更好发挥企业家作用的意见［N］. 新华社，2017－09－25 18：17 http：//www.gov.cn/zhengce/2017－09/25/content_5227473.htm.

［179］仲为国，李兰，路江涌，彭泗清，潘建成，郝大海，王云峰. 中国企业创新动向指数：创新的环境、战略与未来——2017·中国企业家成长与发展专题调查报告［J］. 管理世界，2017（6）：37－50.

［180］周春梅，张成心. 管理层权力、高管—员工薪酬差距与旅游企业绩效［J］. 旅游学刊，2014，29（9）：101－109.

［181］周叔莲. 企业家要发扬三种精神［J］. 中国国情国力，1996（9）：8－9.

［182］朱敏. 中外企业家成长环境、激励与制约机制比较研究［M］. 四川：西南财经大学出版社，2010（8）.

［183］庄子银. 企业家精神、持续技术创新和长期经济增长的微观机制［J］. 世界经济，2005（12）：32－43.

［184］Acs S. L.，Autio Z. J. Entrepreneurship and Policy：The National System of Entrepreneurship in the European Uion and in Its Member Countries［J］. Entrepreneurship Research Journal，2013（1）：9－34.

［185］Acs Z. J.，Armington C. Entrepreneurship，Geography and American Economic Growth［J］. Cambridge：Cambridge University Press，2006（1）.

［186］Acs Z. J.，Mueller P. Employment Effects of Business Dynamics：Mice，Gazelles and Elephants［J］. Small Business Economics，2008，30（1）：85－100.

［187］Acs Z. J.，Szerb L.，Lafuente，E.，Lloyd，A. The Global Entrepreneurship Index 2018［J］. The Global Entrepreneurship and Development Institute，2018（11）：1－69.

［188］Acs Z. J.，Szerb L. The global entrepreneurship index（GEINDEX）［J］. Foundations and Trends in Entrepreneurship，2009（5）：341－435.

［189］Adams R. B.，Almeida H.，Ferreira D. Powerful CEOs and Their Impact on Corporate Performance［J］. Review of Financial Studies，2005（4）：1403－1432.

[190] Agarwal R., Serguey Braguinsky, Industry Evolution and Entrepreneurship: Steven Klepper's Contributions to Industrial Organization, Strategy, Technological Change, and Entrepreneurship [J]. Strategic Entrepreneurship Journal, 2014 (11): 17-27.

[191] Aghion P., Bessonova E. On Entry and Growth: Theory and Evidence [J]. Revue de l OFCE 97 bis, 2006 (5): 259-278.

[192] Ahlstrom D., Young M. N., Chan E. S., Bruton G. D. Facing Constraints to Growth? Overseas Chinese Entrepreneurs and Traditional Business Practices in East Asia [J]. Asia Pacific Journal of Management, 2004 (21): 263-285.

[193] Arshed N., Carter S., Mason C. The Ineffectiveness of Entrepreneurship Policy: Is Policy Formulation to Blame? [J]. Small Business Economics, 2014, 43 (3): 639-659.

[194] Bansal P. Evolving sustainably: A Longitudinal Study of Corporate Sustainable Development [J]. Strategic Manage Journal, 2005, 26 (3): 197-218.

[195] Bansal P., Roth K. Why Companies Go Green: A Model of Ecological Responsiveness [J]. Academy of Management Journal, 2000, 43 (4): 717-736.

[196] Baumol W. J. Entrepreneurship, Management and the Structure of Pay-offs [M]. Cambridge, MA: MIT Press, 1994 (1).

[197] Baumol W. J. Entrepreneurship: Productive, Unproductive and Destructive [J]. Journal of Political Economy, 1990, 98 (5): 893-921.

[198] Bebchuk L., J. Fried D. Walker. Managerial Power and Rent Extraction in the Design of Executive Compensation [J]. University of Chicago Law Review, 2002, 2 (69): 751-846.

[199] Bebchuk L., J. Fried. Executive Compensation As An Agency Problem [J]. Journal of Economics Perspective, 2003, 17 (3): 71-92.

[200] Bebchuk L., J. Fried. Pay Without Performance: the Unfulfilled

Promise of Executive Compensation [J]. Harvard University Press, 2004.

[201] Bebchuk L. The Case for Increasing Shareholder Power [J]. Harvard Law Review, 2005 (118): 833 -917.

[202] Behrens J., Patzelt H. Corporate Entrepreneurship Managers' Project Terminations: Integrating Portfolio-Level, Individual-Level, and Firm-Level Effects [J]. Entrepreneurship Theory and Practice, 2015, 40 (4): 815 -842.

[203] Bendell B. L. Hinking Sustainably: Essays Exploring The Relationship Between Innovation And Social And Environmental Motivations And Behaviors [D]. the Kelley School of Business Indiana University, 2014 (6).

[204] Bertrand M., Mullainathan S. Are Ceo's Rewarded for Luck? The Ones Without Principals Are [J]. Quarterly Journal of Economics, 2001, 116 (3): 901 -932.

[205] Björn Stigson. Sustainable Development for Industry and Society [J]. Building Research & Information, 2010 (10): 424 -430. https://doi.org/10.1080/096132199369282.

[206] Blaug M. Entrepreneurship before and after Schumpeter. In: Swedberg R (ed) Entrepreneurship: the Social Science View. Oxford University Press, Oxford, 2000: 76 -88.

[207] Bosma N. S., Hessels J., Schutjens, V., Praag, M., Verheul, I. Entrepreneurship and Role Models [J]. Journal of Economic Psychology, 2012, 33 (2), 410 -424.

[208] Boudreaux D. J. Deirdre McCloskey and Economists' Ideas about Ideas [OL]. 2014 (7). https://oll.libertyfund.org/pages/lm-mccloskey.

[209] Bradley T. L. An Inquiry into Cultural Differences of Entrepreneurs and Nonentrepreneurs in Former Communist Nations of Russia, Ukraine, Latvia, Lithuania, Romania the Czech Republic, Poland, Armenia, Uzbekistan, Bulgaria, and Kyrgyzstan [D]. Huzenga Graduate School of Business and Entrepreneurship of Nova Southeastern University, 2003 (29).

[210] Brazeal D. V., Herbert T. T. The Genesis of Entrepreneurship [J].

Entrepreneurship Theory and Practice, 1999, 23 (3): 29 -45.

[211] Brizek M. G., Khan M. A. An Empirical Investingation Of Corporate Entrepreneurship Intensity Within The Casual Dining Restaurant Segment [J]. International Journal of Hospitality Management, 2007, 26 (4): 871 -885.

[212] Brown T. E., Davidsson P., Wiklund J. An Operationalization of Stevenson Conceptualization of Entrepreneurship as Opportunity-based Behavior [J]. Strategic Management Journal, 2001, 22: 953 -968.

[213] Bui H., Huong T. M., Nguyen, Vinh Sum Chau. Strategic Agility Orientation? The Impact of CEO Duality on Corporate Entrepreneurship in Privatized Vietnamese firms [J]. Journal of General Management, 2020, 45 (2): 107 -116.

[214] Burgelman R. A. Intra Organizational Ecology of Strategy Making and Organizational Adaptation: Theory and Field Research [J]. Organization Science, 1991 (2): 239 -262.

[215] Burgers J. H., Covin J. G. The Contingent Effects of Differentiation and Integration on Corporate Entrepreneurship [J]. Strategic Management Journal, 2014, 37 (3): 521 -540.

[216] Burgleman R. A. A Model of the Interaction of Strategic Behavior, Corporate Context, and Concept of Strategy [J]. Academy of Management Review, 1983 (8): 32 -47.

[217] Burgleman R. A. Managing the Corporate Venturing Process [J]. Sloan Management Review, 1984, 25 (2): 33 -48.

[218] Bygrave W., Hofer. C. Theorizing about Entrepreneurship [J]. Entrepreneurship Theory and Practice, 1992, 16 (2): 13 -22.

[219] Champenois, Lefebvre, Ronteau. Entrepreneurship as Practice: Systematic Literature Review of a Nascent Field [J]. Entrepreneurship & Regional Development, 2020, 32 (3 -4).

[220] Cheng Q., T. D. Warfield. Equity Incentives and Earnings Management [J]. The Accounting Review, 2005, 80 (2): 441 -476.

[221] Christos M., Stephen S. Refined by Fire: The Great Depression and

Entrepreneurship [J]. SSRN Electronic Journal, 2019.

[222] Clarke, Kevin A., Randall W. Stone. Democracy and the Logic of Political Survival [J]. American Political Science Review, 2008 (102): 387-392.

[223] Covin, Jeffrey G., Wales, William J. The Measurement of Entrepreneurial Orient-ation [J]. ET&P Journal-Baylor University, 2011 (7): 677-702.

[224] Covin J. G, Slevin D. P. A Conceptual Model of Entrepreneurship as Firm Behavior [J]. Entrepreneurship: Theory & Practice, 1991, 17 (4): 7-25.

[225] Cull R., Matesoval J, Shirley M. Owership and the Temptation to Loot: Evidence from Privatized Firm in the Czech Republic [J]. Journal of Comparative Economics, 2002 (30): 68-89.

[226] Cunningham J. B., Lischeron J. Defining Entrepreneurship [J]. Journal of Small Business Management, 1991, 29 (1): 45-61.

[227] Dale G. The Emergence of an Ecological Karl Marx: 1818-2018. The Legacy of the Political Economist Is Fiercely Contested, 2018, 1.7. Retrieved on 13/07/2019. https: //climatecommunismandtheageofaffluencereview. org.

[228] Davidsson P. Researching Entrepreneurship [D]. New York, NY: Springer Verlag, 2004.

[229] Dehaene A., Vuyst V. D, Ooghe H. Corporate Performance and Board Structure in Belgian Companies [J]. Long Range Planning, 2001, 34 (3): 38-398.

[230] Dess G. G., Lumpkin G. T., Covin J. G. Entrepreneurial Strategy Making and Firm Performance: Tests of Contingency and Configurational Models [J]. Strategic Management Journal, 1997, 18 (9): 677-695.

[231] DING, Zhujun. The Entrepreneur-Institution Nexus of the Start-up Process: Three Essays on Entrepreneurship [D]. The Chinese University of Hong Kong, 2013.

[232] Djankov S., Qian Y., Roland G., Zhuravskaya E. Entrepreneurship

and Development: First Results for China and Russia [D]. Paper Presented at the American Economic Association Conference, Boston, MA, 2006.

[233] Drucker P. F. Innovation and Entrepreneurship: Practice and Principles [M]. New York: Harper & Row, 1985.

[234] Eckhardt J. T., Shane S. A. Opportunities and Entrepreneurship [J]. Journal of Management, 2003, 29 (3): 333 - 349.

[235] Eklund J., Levratto N., Ramello G. B. Entrepreneurship and Failure: Two Sides of the Same Coin? [J]. Small Business Economics: An Entrepreneurship Journal, 2020, 54 (2): 373 - 382.

[236] Fahlenbrach R. Shareholder Rights, Boards, and CEO Compensation [J]. Review of Finance, 2009, 13 (1): 81 - 113.

[237] Feldman M. P. Location and Innovation: the New Economic Geography of Innovation, Spillovers, and Agglomeration. In Oxford Handbook of Economic Geography. InG. Clark [M]. Feldman & M. Gertler (Eds.), Oxford, UK: Oxford UniversityPress, 2000, 373 - 394.

[238] Finkelstein S. Power in Top Management Teams: Dimensions, Measurement and Validation [J]. Academy of Management Journal, 1992, 35 (3): 505 - 538.

[239] Fisman D., Fisman R. J., Galef J., Khurana R., Wang Y. Estimating the Value of Connections to Vice-President Cheney [J]. The BE Journal of Economic Analysis & Policy, 2012, 12 (3).

[240] Fong-Woon Lai. A Review of Strategic Implementation Initiatives for Enterprise Sustainability Management [A]. IEDRC. Proceedings of International Conference on Business, Management and Governance (ICBMG2012) [C]. IEDRC, 2012 (5).

[241] Fortner M. L. Entrepreneurs and Ttheir Social Networks: Motivations, Expectations and Outcomes [D]. The George Washington University, 2006.

[242] George G., Zahra S. A. Culture and Its Consequences for Entrepreneurship [J]. Entrepreneurship Theory and Practice, 2002, 26 (4): 5 - 8.

[243] Glaeser, Edward L., Kerr, William R., Ponzetto, Giacomo A. M., Clusters of Entrepreneurship. Harvard Business School Entrepreneurial Management Working Paper, 2009 (9), No. 10 - 019. Available at SSRN: https: //ssrn. com/abstract = 1473767 or http://dx. doi. org/10. 2139/ssrn. 1473767.

[244] Glaeser E., Kerr W. Local Industrial Conditions and Entrepreneurship: How Much of the Spatial Distribution Can We Explain? [J]. Journal of Economics and Management Strategy, 2009, 18 (3): 623 - 63.

[245] Glaeser E. L. Entrepreneurship and the city [J]. National Bureau of Economic Research, Cambridge, MA, 2007, No. w13551.

[246] Glaser L., Fourné S. P., Elfring T. Achieving Strategic Renewal: The Multi-Level Influences of Top and Middle Managers' Boundary-Spanning [J]. Small Business Economics, 2015, 45 (2): 305 - 327. http: //dx. doi. org/10. 1007/ s11187 - 015 - 9633 - 5.

[247] Goetz S. J., Shrestha S. S. Explaining Self-Employment Success and Failure: Wal-Mart Versus Starbucks, or Schumpeter Versus Putnam [J]. Social Science Quarterly, 2009, 90 (1): 22 - 38.

[248] Gohmann S. F. Institutions, Latent Entrepreneurship, and Self-Employment: An International Comparison [J]. Entrepreneurship Theory and Practice, 2012, 36 (2): 295 - 321.

[249] Goodale J. C, Kuratko D. F., Hornsby J. S. Operations Management and Corporate Entrepreneurship: The Moderating Effect of Operations Control on the Antecedents of Corporate Entrepreneurial Activity in Relation to Innovation Performance [J]. Journal of Operations Management, 2011, 29 (1 - 2): 116 - 127.

[250] Grinevich V., Huber F., Karataş - Özkan M., Çağla Yavuz. Green Entrepreneurship in the Sharing Economy: Utilising Multiplicity of Institutional Logics [J]. Small Business Economics, 2019, 52 (4): 859 - 876.

[251] Gujarati D. N., Porter D. C. Basic Econometrics 5th. Singapore: McGraw-Hill International Edition, McGraw-Hill Irwin, Boston, 2009.

[252] Guth W. D. Ginsberg A. Guest Editor Introduction: Corporate Entre-

preneurship [J]. Strategic Management Journal, 1990 (11): 5 - 15.

[253] Guzman J., Stern S. Nowcasting and Placecasting Entrepreneurial Quality and Performance [J]. National Bureau of Economic Research, 2015 (2): 1 - 68.

[254] Hallen B. L. Eisenhardt K. M. Catalyzing Strategies and Efficient Tie Formation: How Entrepreneurial Firms Obtain Investment Ties [J]. Academy of Management Journal, 2012, 55 (1): 35 - 70.

[255] Hambrick D. C., Finkelstein S. The Effects of Ownership Structure on Conditions at the Top: The Case of CEO Pay Raises [J]. Strategic Management Journal, 1995 (16): 175 - 193.

[256] Hameed, Imran, Ali, Bakhtiar. Impact of Entrepreneurial Orientation, Entrepreneurial Management & Environmental Dynamism on Firms' Financial Performance [J]. Journal of Economics and Behavioral Science, 2011 (2): 101 - 114.

[257] Harris J, Bromiley P.. Incentives to Cheat: The Influence of Executive Compensation and Firm Performance on Financial Misrepresentation [J]. Organization Science, 2007, 18 (3): 350 - 367.

[258] Hayton J. C. Competing in the New Economy: The Effect of Intellectual Capital on Corporate Entrepreneurship in High Technology New Ventures [J]. R&D Management, 2005a, 35 (2): 137 - 155.

[259] Hayton J. C. Promoting Corporate Entrepreneurship Through Human Resource Management Practices: A Review of Empirical Research [J]. Human Resource Management Review, 2005b, 15 (1): 21 - 41.

[260] Heavey C., Simsek Z. Top Management Compositional Effects on Corporate Entrepreneurship: The Moderating Role of Perceived Technological Uncertainty [J]. Journal of Product Innovation Management, 2013, 46 (8): 1289 - 1314.

[261] Henning M., McKelvey M. Knowledge, Entrepreneurship and Regional Transformation: Contributing to the Schumpeterian and Evolutionary Perspective on the Relationships Between Them [J]. Small Business Economics: An En-

trepreneurship Journal, 2020, 54 (2): 495 -501.

[262] Hira A., Hira R. The New Institutionalism Contradictory Notions of Change [J]. The American Journal of Economics and Sociology, 2000, 59 (2): 267 -282.

[263] Hisrich R. D, Peters M. P, Sheperd D. A. Definition of Entrepreneur Today. Extract from Entrepreneurship. 6th ed. [J]. New York, NY: McGraw-Hill Irwin, 2005.

[264] Hitt M. A., Ireland R. D., Camp S. M., Sexton D. L. Strategic Entrepreneurship: Entrepreneurial Strategies for Wealth Creation. Special Issue [J]. Strategic Management Journal, 2001 (22): 479.

[265] Hitt M. A., Ireland R. D., Sirmon D. G. Strategic Entrepreneurship: Creating Value for Individuals, Organizations, and Society [J]. The Academy of Management Perspectives, 2011, 25 (2): 57 -75.

[266] Hornsby J. S., Kuratko D. F., Zahra S. A. Middle Managers' Perception of the Internal Environment for Corporate Entrepreneurship: Assessing A Measurement Scale [J]. Journal of Business Venturing, 2002, 17 (3): 253 -73.

[267] Hu A., Kumar P. Manageria Entrenchment and Payout Policy [J]. Journal of Financial and Quantitative Analysis, 2004 (4): 759 -790.

[268] Hu, Albert Guangzhou, Gary H. Jefferson. A Great Wall of Patents: What is Behind China's Recent Patent Explosion [J]. Journal of Development Economics, 2009 (90): 57 -68.

[269] Ireland R. D, Covin J. G, Kuratko D. F. Conceptualizing Corporate Entrepreneurship Strategy [J]. Entrepreneurship Theory and Practice, 2009, 31 (1): 19 -46.

[270] Ireland R. D., Hitt M., Camp S. M., Sexton D. L. Integrating Entrepreneurship and Strategic Management Actions to Creat Firm Wealth [J]. Academy of Management Executive, 2001, 15 (1): 1.

[271] Ireland R. D., Webb J. W., A Cross Disciplinary Exploration of Entrepreneurship Research [J]. Journal of Management, 2007, 33 (6): 891 -927.

[272] Iversen A. C, Nicola T., Fear, Anke Ehlers, Jamie Hacker Hughes. Risk Factors for Post-traumatic Stress Disorder Among UK Armed Forces Personnel [J]. Psychological Medicine, 2008, 38 (4): 511 -522.

[273] James G. Combs, David J., Ketchen, Alexa A., Perryman, Maura S. Donahue. The Moderating Effect of CEO Power on the Board Composition-Firm Performance Relationship [J]. Journal of Management Studies, 2007 (8).

[274] Jeffrey G., Covin, Morgan P., Miles. Corporate Entrepreneurship and the Pursuit of Competitive Advantage, 1999, 23 (3): 47 -63.

[275] Jennings D. F., Lumpkin JR. Functioning Modeling Corporate Entrepreneurship: An Empirical Integrative Analysis [J]. Journalof Management, 1989, 15 (3): 485 -502.

[276] Jensen M. J., Meckling W. R. Theory of the Firm: Managerial Behavior, Agency Cost, Ownership Structure [J]. Journal of Financial Economics, 1976 (3): 305 -360.

[277] Josil M. P., Kathuria R., Das S. Corporate Entrepreneurship in the Digital Era: The Cascading Effect through Operations [J]. The Journal of Entrepreneurship, 2019, 28 (1): 4 -34.

[278] Justinl. Davis. Firm-Level Entrepreneurship And Performance: An Examination And Extension Of Relationships And Measurements Of The Entrepreneurial Orientation Construct [D]. The Unibersity Of Texas At Arlington, 2007 (5).

[279] Kamal Sakhdari. Corporate Entrepreneurship: A Review and Future Research Agenda [J]. Technology Innovation Management Review, 2016 (8): 5 -12.

[280] Karacaoğlu, Korhan, Bayrakdaroglu, Ali, Botan San, Firat. The Iimpact of Corporate Entrepreneurship on Firms Financial Performance: Evidence from Istambul Stock Exchange Firms [J]. International Business Research, 2013, 6 (1): 163 -175.

[281] Kim H. J. Reconciling Entrepreneurial Orientation and Dynamic Capa-

bilities: A Strategic Entrepreneurship Perspective [J]. The Journal of Entrepreneurship, 2018, 27 (2): 180 -208.

[282] Kiven E. B., Pierre. Towards Understanding Entrepreneurship's Role in Our Common Future [J]. The Sustainability Entrepreneurship, 2017 (8).

[283] Koppl R. Minniti M. Market Processes and Entrepreneurial Studies [J]. Handbook of Entrepreneurship Research: An Interdisciplinary Survey and Introduction, 2010 (6): 217 -248.

[284] Krajnc D., Glavie J. F. D. B. The Balanced Anies on Relevant Dimensions of Sustainability [J]. Ecological Economics, 2005, 55 (4): 551 -563.

[285] Kuratko D. F.. Entreprencurial leadership in the 21st century [J]. Journal of Leadership & Organizational Studies, 2007, 13 (4): 1 -11.

[286] Kuratko D. F., Hornsby J., Hayton J. C. Corporate Entrepreneurship: the Innovative Challenge for A New Global Economic Reality [J]. Small Business Economics, 2015, 45 (2): 245 -253.

[287] Landström H., Benner M. Entrepreneurship Research: a History of Scholarly Migration. in Landström H., Lohrke F. (eds.), Historical Foundations of Entrepreneurship Research [D]. Cheltenham: Edward Elgar, 2010: 15 -45.

[288] La Porta, Rafael, Florencio Lopez-de-Silanes, Andrei Shleifer. Corporate Ownership Around the World [J]. The Journal of Finance, 1999, (54): 471 -517.

[289] La Porta, Rafael, Florencio Lopez-de-Silanes, Andrei Shleifer, Robert W. Vishny. Investor Protection and Corporate Governance [J]. Journal of Financial Economics, 2000, (58): 3 -28.

[290] La Rovere E. L., Soares J. B., Oliveira L. B. Sustainable Expansion of Electricity Sector: Sustainability Indicators as An Instrument to Support Decision-making [J]. Renewable and Sustainable Energy Reviews, 2010, 14 (1): 422 -429.

[291] Lee C., Lee K., Pennings J. M. Internal Capabilities, External Networks and Performance: A Study on Technology-based Ventures [J]. Strategic

Management Journal, 2001, 22 (6 - 7), 615 - 640.

[292] Le J., Kim D., Sung S. The Effect of Entrepreneurship on Start-Up Open Innovation: Innovative Behavior of University Students [J]. Journal of Open Innovation: Technology, Market, and Complexity, 2019, 5 (4): 1 - 13.

[293] Lim E. N. K., McCann B. T. Performance Feedback and Firm Risk Taking: The Moderating Effects of CEO and Outside Director Stock Options [J]. Organization Science, 2014, 25 (1): 262 - 282.

[294] Liu G., Eng T. Y, Takeda S. An Investigation of Marketing Capabilities and Social Enterprise Performance in the UK and Japan [J]. Entrepreneurship Theory and Practice, 2015, 39 (2): 267 - 298.

[295] Li Xie, Ai Zhang. A Study of Enterprise Management Mode Reform under the Background of Innovation and Entrepreneurship [J]. International Journal of Intelligent Information and Management Science, 2019, 8 (6): 51 - 54.

[296] Low S. Regional Asset Indicators: Entrepreneurship Breadth and Depth [J]. the Main Street Economist, 2014 (4): 1 - 4.

[297] Malerba F., McKelvey M. Knowledge-intensive Innovative Entrepreneurship Integrating Schumpeter, Evolutionary Economics, and Innovation Systems [J]. Small Business Economics: An Entrepreneurship Journal, 2020, 54 (5): 503 - 522.

[298] María Andrea Trujillo Dávila, Alexander Guzmán Vásquez. Venture Capital: Una mirada Al Constructo Teórico, Su Rol En Los Nuevos Emprendimientosy Agenda de Investigación Futurarev. fac. cienc. econ, 2008, XVI (1): 71 - 84.

[299] Marcotte C. Measuring entrepreneurship at the country level: A review and research agenda [J]. Entrepreneurship & Regional Development, 2013, 25 (3 - 4): 174 - 194.

[300] Matt Benjamin Saboe. Essays on Entrepreneurship Across Space: How Cities Support the Emergence, Survival, and Capital Acquisition of Entrepreneurs [D]. Lehigh University, 2013 (7).

[301] McCaffrey M., Salerno J. T. A Theory of Political Entrepreneurship

[J]. Modern Economy, 2011, 4 (2): 552 -560.

[302] McGranahan D. A., Wojan T. R., Lambert D. M. The Rural Growth Trifecta: Outdoor Amenities, Creative Class and Entrepreneurial Context [J]. Journal of Economic Geography, 2010 (11): 529 -557.

[303] Mehdi Amini, Carol C. Bienstock. Corporate Sustainability: An Integrative Definition and Framework to Evaluate Corporate Practice and Guide Academic Research [J]. Joural of Cleaner Production, 2014 (8): 12 -19.

[304] Middermann L. H. Kratzer J., Perner S. The Impact of Environmental Risk Exposure on the Determinants of Sustainable Entrepreneurship [J]. *Sustainability*, 2020, 12 (4): 1 -15.

[305] Miller D. The Correlates of Entrepreneurship in Three Types of Firms [J]. Management Science, 1983, 29 (7): 770 -791.

[306] Mohammad Ali Moradi. Entrepreneurship Capital, Output and Growth in Iran's Manufacturing Industries [D]. University of Tehran, 2011: 1 -22.

[307] Montanye J. A. Entrepreneurship [J]. The Independent Review, 2006, 10 (4): 549 -571.

[308] Morris M. H., Schindehutte M., Kuratko D. F. Trigger Events, Corporate Entrepreneurship, and the Marketing Function [J]. Journal of Marketing Theory and Practice, 2000, 8 (2): 18 -30.

[309] Morse A., V. Nanda, A. Seru. Are Incentive Contracts Rigged by Powerful CEOs? [J]. Journal of Finance, 2011 (66): 779 -821.

[310] Mrkajic B., Murtinu S., Scalera V. G. Is Green the New Gold? Venture Capital and Green Entrepreneurship [J]. Springer US, 2019, 52 (4): 929 -950.

[311] Mueller P Exploiting Entrepreneurial Opportunities: The Impact of Entrepreneurship on Growth Small Business Economics, 2007 (28): 355 -362.

[312] Murphy K. M., Shleifer A., Vishny R. W. (1991). The Allocation of Talent: Implications for growth [J]. The Quarterly Journal of Economics. Murphy K. M., Shleifer A., Vishny R. W. Why Is Rent-seeking So Costly to Growth?

The American Economic Review, 1993: 409 –414.

[313] OECD. Entrepreneurship at a Glance 2017 [R]. Paris: OECD Publishing, http: //dx. doi. org/10. 1787/entrepreneur_aag –2017-en.

[314] Parker S. C. The Economics of Entrepreneurship: What We Know and What We Don't [J]. Foundations and Trends in Entrepreneurship, 2005, 1 (1): 1 –54.

[315] Parvathi Jayamohan. New Perspectives On The Role Of Attributions In Entrepreneurship [D]. Syracuse University, 2016 (7).

[316] Peter G. Klein, Michael Lee. Cook. T. W. Schultz and the Human-Capital Approach to Entrepreneurship [J]. Review of Agricultural Economics, 2006, 28 (3): 344 –350.

[317] Pierre Azoulay, Benjamin F. Jones J. Daniel Kim, Javier Miranda. Age and High-Growth Entrepreneurship [J]. American Economic Review: Insights, 2020, 2 (1): 65 –82.

[318] Puffer S. M., McCarthy D. J., Boisot M. Entrepreneurship in Russia and China: The Impact of Formal Institutional Voids [J]. Entrepreneurship: Theory&Practice, 2010, 34 (3): 441 –467.

[319] Rauch A., Wiklund J., Lumpkin G. T., Frese M. Entrepreneurial Orientation and Business Performance: Cumulative Empirical Evidence [J]. Entrepreneurship Theory and Practice, 2009, 33 (3): 761 –788.

[320] Robert F. Hébert, Albert N. Link In Search of the Meaning of Entrepreneurship [J]. Small Business Economics, 1989, 1 (1): 39 –49.

[321] Saeed S., Yousafzai S., Engelen A. On Cultural and Macroeconomic Conting-encies of the Entrepreneurial Orientation-performance Relationship [J]. Entrepreneurship Theory and Practice, 2014, 38 (2): 255 –290.

[322] Sakhdari K. Corporate Entrepreneurship: A Review and Future Research Agenda [J]. Technology Innovation Management Review, 2016, 6 (8): 5 –18.

[323] Salas-Fumás V., Javier Sanchez-Asin J., Storey D. SERIEs Occupa-

tional Choice, Number of Entrepreneurs and Output: Theory and Empirical Evidence with Spanish Data, 2014 (5): 1 -24.

[324] Sander Wennekers, Roy Thurik. Linking Entrepreneurship and Economic Growth, Small Business Economics, 1999 (13): 27 -55.

[325] Saraha. Low. Defining And Measuring Entrepreneurship for Regional Research: A New Approach [D]. University of Illinois at Urbana-Champaign, 2009.

[326] Shane S. Reflections on the 2010 AMR Decade Award: Delivering on the Promise of Entrepreneurship as a Field of Research [J]. Academy of Management Review, 2012, 37 (1): 10 -20.

[327] Shane S. The Illusions of Entreprenurship: The Costly Myths That Entrepreneurs, Investors, and Policy Makers Live by [N]. New Haven, CT and London: Yale Univer-sity Press, 2008.

[328] Sharma P., Christman J. J. Toward a Reconciliation of the Definitional Issues in the Field of Corporate Entrepreneurship [J]. Entrepreneurship Theory and Practice, 1999, 23 (3): 11 -27.

[329] Shepher D. A., Covin J. G., Kuratko D. F. Project Failure from Corporate Entrepreneurship: Managing the Grief Process in Journal of Business Venturing, 2009, 24 (6): 588 -600.

[330] Siddharth Vedula. Startups in a Spiky World: Three Essays on Geography and Entrepreneurship [D]. University of Colorado at Boulder, ProQuest Dissertations Publishing, 2015: 1 -124.

[331] Simon S. Mak. Improving Investment Performance of Venture Financing Utilizing Bayesian Fundamentals [D]. Southern Methodist University, 2011 (5).

[332] Si S., Yu X. B., Wu A. Q. Entrepreneurship and Poverty Reduction: A Case Study of Yiwu, China [J]. Asia Pacific Journal of Management, 2015, 32 (1): 119 -143.

[333] Smith K. G., Collins C. J., Clark K. D. Existing Knowledge, Knowledge Creation Capability, and the Rate of New Product Introduction in High-technology firms

[J]. Academy of Management Journal, 2005, 48 (2): 346 -357.

[334] Snigdha Dewal. Governance and Political Entrepreneurship in India: Case Studies of Gujarat and Bihar [D]. George Mason University, 2016 (3).

[335] Sobel R. S., Garrett T. A. On the Measurement of Rent Seeking and its Social Opportunity Cost [J]. Public Choice, 2002, 112 (1/2): 115 -136.

[336] Sobel R. S., Graefe-Anderson R. L. The Relationship Between Political Connections and the Financial Performance of Industries and Firms [J]. Mercatus Center, Jul. 2014 (9).

[337] Sobel R. S. Testing Baumol: Institutional Quality and the Productivity of Entrepreneurship [J]. Journal of Business Venturing, 2008, 23 (6): 641 -655.

[338] Sohrab Soleimanof. Cronyism and Entrepreneurship: An International Analsis of the Influence of Cronysim on Country Level Productive and Unproductive Entrepreneurship [D]. Oklahoma State University, 2016 (5).

[339] Stenholm P., Acs Z. J., Wuebker R. Exploring Country-level Institutional Arrangements on the Rate and Type of Entrepreneurial Activity [J]. Journal of Business Venturing, 2013, 28 (1): 176 -193.

[340] Stephan J., Goetz, Sundar S., Shrestha. Explaining Self-Employment Success and Failure: Wal-Mart Versus Starbucks, or Schumpeter Versus Putnam [J]. Social Science Quarterly, 2009, 90 (1): 22 -38.

[341] Stevenson H. H., Jarillo J. C. A Paradigm of Entrepreneurship: Entrepreneurial Management [J]. Strategic Management Journal, 1990 (11): 17 -27.

[342] Stevenson R. J., Smol J. P. Use of Algae in Environmental Assessments. In J. D. Wehr & R. G. Sheath [Eds.] Freshwater Algae in North America: Classification and Ecology [J]. Academic Press, San Diego, 2002: 775 -804.

[343] Stevens R., Moray N., Bruneel J. The Social and Economic Mission of Social Enterprises: Dimensions, Measurement, Validation, and Relation [J].

Entrepreneurship Theory and Practice, 2015, 39 (5): 1051 - 1082.

[344] Stoica O., Roman A., Rusu V. D. The Nexus between Entrepreneurship and Economic Growth: A Comparative Analysis on Groups of Countries [J]. Sustainability, 2020, 12 (3): 1 - 19.

[345] Sun S. L., Im J. Cutting Microfinance Interest Rates: An Opportunity Cocreation Perspective [J]. Entrepreneurship Theory and Practice, 2015, 39 (1): 101 - 128.

[346] Su Z., Xie E., Wang D. Entrepreneurial Orientation, Managerial Networking, and New Venture Performance in China [J]. Journal of Small Business Management, 2015, 53 (1): 228 - 248.

[347] Teirlinck P., Dumont M., Spithoven A. Corporate Decision-making in R&D Outsourcing and the Impact on Internal R&D Employment Intensity [J]. Industrial And Corporate Change, 2010, 19 (6): 1741 - 1768.

[348] Thanti Mthanti, Kalu Ojah. Entrepreneurial Orientation (EO): Measurement and Policy Implications of Entrepreneurship at The Macroeconmic Level [J]. Research Policy, 2017, 46 (4): 724 - 739.

[349] Theodor Vladasel, Matthew J., Lindquist, Joeri Sol, Mirjam van Praag. On the Origins of Entrepreneurship: Evidence from Sibling Correlations [J]. Journal of Business Venturing, 2020.

[350] The World Bank. Entrepreneurship Snapshots 2010: Measuring. The World Bank, the International Finance Corporation, and the Kauffman Foundation, Washington D. C., 2011. Available at: http://issuu.com/world.bank.publications/docs/9780821384763.

[351] Thorgren S., Wincent J., Örtqvist D. Unleashing Synergies in Strategic Networks of SMEs: The Influence of Partner Fit on Corporate Entrepreneurship [J]. International Small Business Journal, 2012, 30 (5): 453 - 471.

[352] Tiantian Yang. How Do Organizations Shape Entrepreneurship? Explaining Employee Entrepreneurs' Entry And Performance [D]. The University of North Carolina at Chapel Hill, 2014.

[353] Trajtenberg M. Innovation Policy for Development: An Overview, The Samuel Neaman Institute Technion City [J]. Working Paper Series, 2006, no. STE-WP-34.

[354] Tuggle C. S., Sirmon D. G., Reutzel C. R., Bierman L. Commanding Board of Director Attention: Investigating How Organizational Performance and CEO Duality Affect Board Members' Attention to Monitoring [J]. Strategic Management Journal, 2010, 31 (9): 946-968.

[355] Turner T., Wesley Pennington III W. Organizational Networks and the Process of Corporate Entrepreneurship: How the Motivation, Opportunity, and Ability to Act Affect Firm Knowledge, Learning, and Innovation [J]. Small Business Economics, 2015 (45): 447-463.

[356] Urbano D., Alvarez C. Y., Turró A. Organizational Resources and Intrapreneurial Activities: An International Study [J]. Management Decision, 2013, 51 (4): 854-870.

[357] Vivarelli M. Entrepreneurship in Advanced and Developing Countries: A Microeconomic Perspective (No. w6513) [D]. Discussion Paper Series, Forschungs Institut Zur Zukunft Der Arbeit, 2012.

[358] Wan W. P., Yiu D. W. From Crisis to Opportunity: Environmental Jolt, Corporate Acquisitions, and Firm Performance [J]. Strategic Management Journal, 2009, 30 (7): 791-801.

[359] Webb J. W., Kistruck G. M., Ireland R. D., Ketchen J. D. J. The Entrepreneurship Process in Base of the Pyramid Markets: The Case of Multinational Enterprise/Nongovernment Organization Alliances [J]. Entrepreneurship: Theory and Practice, 2010, 34 (3): 555-581.

[360] Webb J. W., Tihanyi L., Ireland R. D., Sirmon D. G. You Say Illegal, I Say Legitimate: Entrepreneurship in the Informal Economy [J]. Academy of Management Review, 2009, 34 (3): 492-510.

[361] Wei L. Q., Ling Y. CEO Characteristics and Corporate Entrepreneurship: Evidence from China [J]. Journal of Business Research, 2015, 68 (6):

1157 - 1165.

[362] WeiZhang. Constitutional Environment and Entrepreneurship: An Empirical Study [D]. University of California, Berkeley, 2012 (3).

[363] Welter F., Smallbone D. Exploring the Role of Trust in Entrepreneurial Activity [J]. On Academic, Baylor University, 2006 (7): 465 - 475.

[364] Whetten D. A. What Constitues a Theoretical Contribution? [J]. The Academy of Management Review, 1989, 14 (4): 490 - 495.

[365] Wiklund J., Shepherd D. A. Entrepreneurial Orientation and Small Business Performance: A Configurational Approach Journal of Business Venturing, 2005, 20 (1): 71 - 91.

[366] Willis D. B., Hughes D. W., Kathryn A., Devin C. Swindall. Economic Growth Through Entrepreneurship: Determinants of Self-employed Income across Regional Economies [J]. Papers in Regional Science, 2020 (99): 1, 73 - 95.

[367] Wong Poh Kam, Yuen Ping Ho, Erkko Autio. Entrepreneurship, Innovation and Economic Growth: Evidence From GEM Data [J]. Small Business Economics,2005 (3).

[368] YAN CHEN. Toward A Search Perspective on Entrepreneurship [D]. The University of Missouri-Kansas City, 2014.

[369] You, Liu, Market Orientation and Planning Flexibility in SMEs Performance Implications and an Empirical Investigation [J]. International Small Business Journal, 2008, 25 (2): 152 - 172.

[370] Zahra S. A. A Conceptual Model of Entrepreneurship as Firm Behavior: A Critique and Extension [J]. Entrepreneurship Theory and Practice, 1993, 39 (6): 5 - 21.

[371] Zhao F., Collier A. Digital Entrepreneurship: Research and Practice [J]. Innovation, Entrepreneurship and Digital Ecosystems, 2016: 2173 - 2182.

[372] Zhiqiang Dong, Wei Xiahai, Yongjing Zhang. The Allocation of En-

trepreneurial Efforts in a Rent-seeking Society: Evidence from China [J]. Journal of Comparative Economics, 2015.

[373] Zhou K. Z., Wu F. Technological Capability, Strategic Flexibility, and Product Innovation [J]. Strategic Management Journal, 2010 (31): 547 - 561.

[374] Zhou L., Barnes B. R., Lu Y. Entrepreneurial Proclivity, Capability Upgrading and Performance Advantage of Newness Among International New Ventures [J]. Journal of International Business Studies, 2010, 41 (5): 882 - 905.

[375] Zhou W. Political Connections and Entrepreneurial Investment: Evidence from China's Transition Economy [J]. Journal of Business Venturing, 2013, 28 (2): 299 - 315.

[376] Zhu Y., Wittmann X., Peng M. W. Institution-based Barriers to Innovation in SMEs in China [J]. Asia Pacific Journal of Management, 2011, 29 (4): 1131 - 1142.

后　记

《企业家精神、管理层权力与企业可持续发展绩效研究》是本人读博与工作期间的阶段性成果，每每想起这段科研成长经历，都会感概万千。

首先非常感恩南京大学给予我学习深造的机会！每一次走在南园通往商学院图书馆而穿过北园的林荫校园路上，都充满着坚持、努力、前行的信心和力量。非常感谢我的导师耿修林老师给予我读博而圆上当教师的机会！无论工作日还是节假日，都能在耿老师的办公室见到他为学术为教学纯粹奉献而孜孜不倦的身影。耿老师对学术对教学的情怀与对学生随和鼓励的态度深深影响了他的众多学生，也深深影响了我，使我也立志成为一名潜心做学问、有责任心与担当的优秀教师。其次，非常感谢硕士母校安徽财经大学给予我成就教师梦并支持我将此成果出版为专著的机会！母校给予我奋斗十年十一个月而圆上老师梦的机会，母校也给予了我经济上资助而出版的机会，很感动。

自 2017 年 9 月 25 日中央发布的《关于营造企业家健康成长环境弘扬优秀企业家精神更好发挥企业家作用的意见》起，就开始关注企业家精神研究领域的国内外研究进展，从查阅与研读国内外文献、建立研究假设、构建模型、采集数据、实证分析、得出研究结论及实践启示，经过 3 年多的坚持努力，终于成为成果而出版出来。在这个研究过程中，要特别感谢认真指导我的导师耿修林老师及给我提出宝贵建议的蒋春燕老师和彭纪生老师！感谢我的室友孙甫丽、钱佳蓉及同学王彦、文秋香、高成、叶全胜等的热心帮助！在整个研究的过程中，我很感动我的家人给予我全力支持的爱！父母帮助我做家务，爱人尽心尽力做好工作给予家庭全方位的经济支持并接送与陪伴孩子，孩子很懂事听话，不影响我学习，自己还非常听老师们的话，认真专心学习并取得好成绩，这些对于需要大量时间做研究的我来说，真的很幸福很欣慰。

最后，非常感谢经济科学出版社的支持！感谢经济科学出版社录用了我的稿件。编辑热忱、认真、严谨、友好的工作态度让我特别感动，感谢编辑一次又一次的细心、耐心的审稿与等待稿件的回复。感谢各位读者的支持！同时本书也存在着不足，如本书是采用不同地区样本企业的年度报告、社会责任报告及可持续发展报告中的实际运用数据进行研究的，而企业家精神实际上是个潜变量，具有不能直接观测的特性，未来是否可以采用问卷调查与访谈的方式获取数据等。在这条漫长而充满快乐的学术道路上，愿与大家一起努力前行！